日本のすごい鉄道

人気
YouTuberが
案内する
新しい鉄道旅

著者
西園寺

汽笛一声、明治５年に新橋～横浜間に開通以来１５０年あまり、
いまや日本は、２００社以上の鉄道事業者が存在する
世界屈指の鉄道王国である。

日本の鉄道は何が「すごい！」のだろう……

運行している距離、旅客の輸送量、正確な運行など、
数字で表されるものも、もちろんたくさんある。
しかし、数字では表せない「すごさ」にも注目すると
日本の鉄道の「すごさ」が見えてくる。

鉄道の旅に大きな魅力を感じている人は多い。
乗る楽しみはもちろん、車窓からの風景、鉄道写真や駅弁グルメ……。

そんな鉄道の旅に魅せられたYouTuber西園寺が、
独自の視点から見つけたたくさんの「すごい！」を
紹介したのが本書である。

鉄道の旅の楽しみ方は、視点を変えることで大きく広がる。
新しい出会いや風景、そして発見を求めて、
さあ、心躍る鉄道旅に出かけよう！

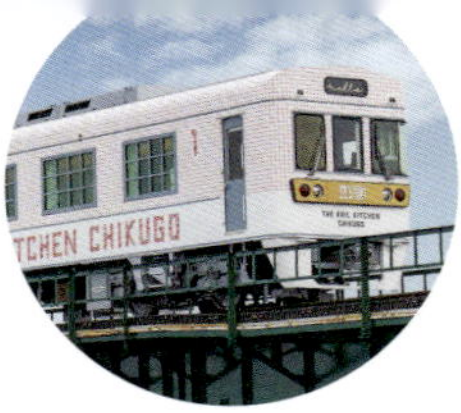

目次

人気YouTuberが案内する新しい鉄道旅

日本のすごい鉄道

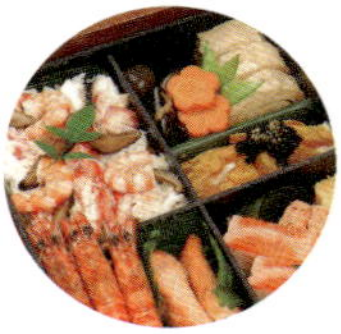

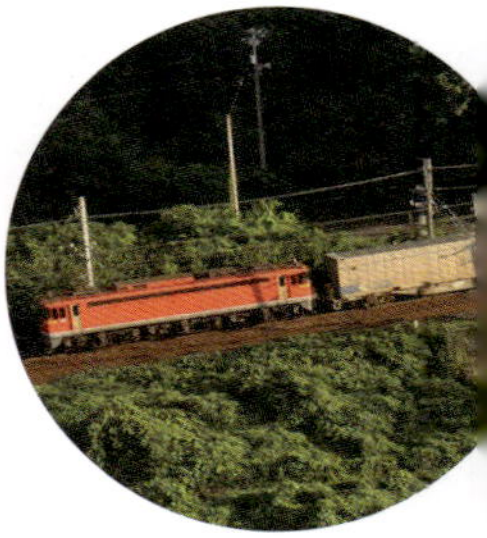

頁

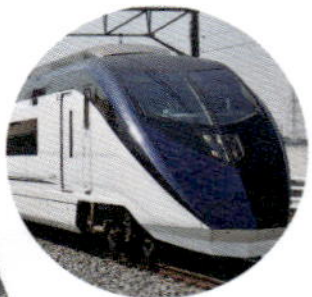

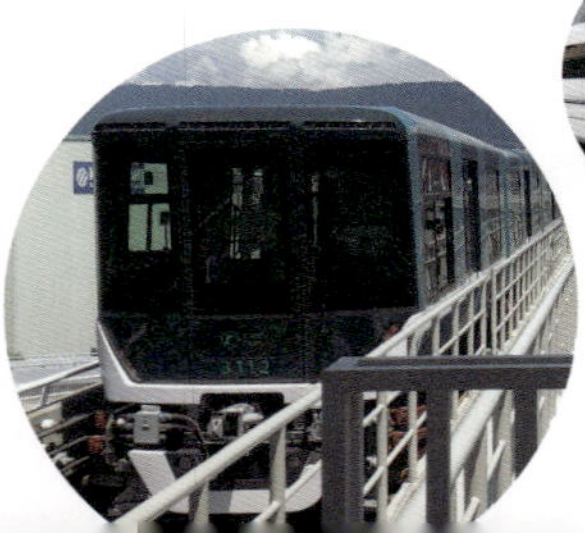

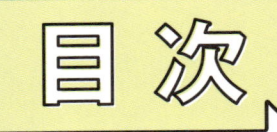

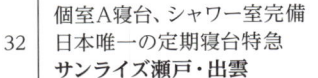

第4章　日本一！

第5章　伝説！

第6章　駅！

第7章　凄い！

鉄道旅で気をつけたいこと

※きっぷの購入方法や乗降方法は事前に確認しておきましょう。
※時間に余裕をもって。駆け込み乗車はNGです。
※撮影は安全を確認し、マナーを守りましょう。

本書をご利用になるみなさんへ

※本書のデータは2024年2月末時点のものです。
※掲載施設の利用料や商品の金額は変更になる場合があります。

物心ついた頃から鉄道ファン

気が付いたら鉄道好きだった自分。大阪生まれなので近くを南海電鉄が走っており、幼い頃から「ラピート」が好きだったと親から聞いたことがあります。

小学生の時、姫路に引っ越して、そこに「サンライズ瀬戸・出雲」（→P.32）が停まっていたり、当時はまだ「寝台特急なは・あかつき」が走っていたのでそれを見たり、山陽新幹線が高速で通過していくのを楽しんだりと、鉄道への興味がどんどん広がっていきました。

小学校の朝の読書時間には「時刻表」を読んでいて、そこに載っている地図で地名の漢字を覚えるほど隅々まで読み込んでいましたね。「今どこで何が動いているなぁ」といったように、時計を見るのがとても楽しかったです。

中学・高校時代はスポーツに打ち込み、周りに鉄道好きの友達もいなかったので、あまり鉄道とは縁なく過ごしました。そのおかげで視野や交友関係

YouTuber

西園寺の歩みから見る「鉄道旅」の楽しみ方

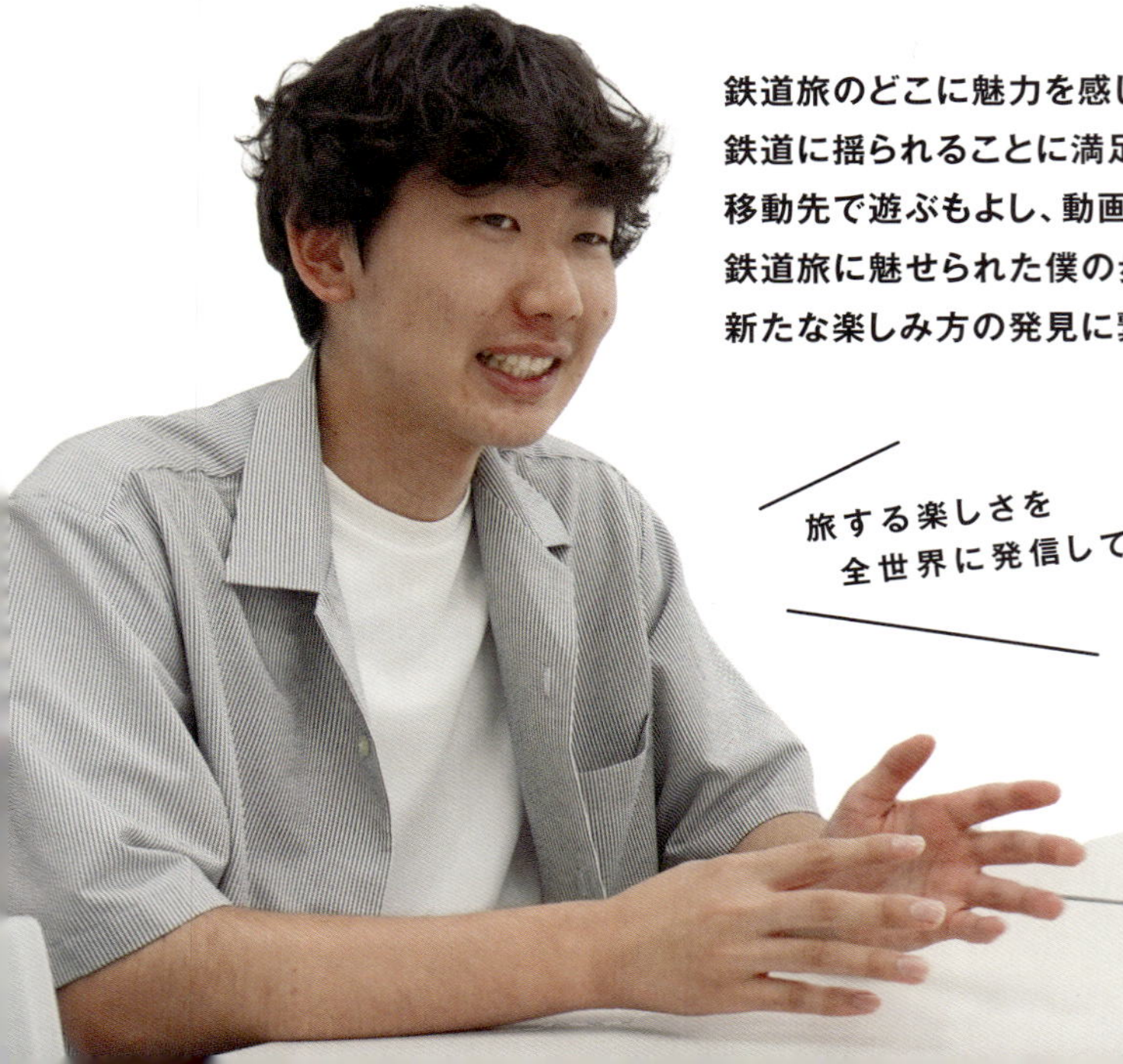

鉄道旅のどこに魅力を感じるかは人それぞれです。鉄道に揺られることに満足するもよし、移動先で遊ぶもよし、動画で旅気分に浸るもよし。鉄道旅に魅せられた僕の歩みを辿ることで、新たな楽しみ方の発見に繋がれば幸いです。

旅する楽しさを
全世界に発信しています！

関西と九州を結ぶ寝台特急「なは・あかつき」。
2008（平成20）年に廃止

が広がり、その当時の友人がYouTubeを手伝ってくれるなど、今の活動にも生きています。

趣味のつもりで始めた YouTubeにどハマり

高校時代に授業で「プレゼンテーション」というのがあって、テーマは何でも良かったので、みんなを笑わせる映像を作って発表していました。それが楽しくなって、「YouTubeをやろう」と思い立ったのです。高校2年の終わりくらいからアルバイトしたお金で旅行に行き始めたので、最初は「趣味としてどこまでやれるか」くらいの気持ちでまず一本アップしました。それが「【乗り比べ】大急ぎでN700Aグリーン車&アーバンライナーDX乗車」です。どちらも自分が乗りたかった列車で、名古屋旅行をするついでに撮りました。

YouTubeは、登録者数が1000人を超えないと収益は生まれないようになっています。そこに至るまで約1年半かかりました。つまり大学1年の夏までは大赤字だったんですが、逆に目標が出来て、「どこまで伸ばせるか」が楽しみになってきました。ゲーム感覚というか、不特定多数の目に自分の動画を見てもらい、登録ボタンを押してもらうのが面白くて。最初は「自分のやりたい旅行で、ついでに動画が撮れればいいなぁ」くらいに思っていたのが、この頃からだんだん「面白い動画を撮るために移動する」と意識が変わるくらい、YouTubeにものめり込んでいきました。

動画制作現場の裏側

YouTubeの企画にあたっては、まず分析から始めます。他の人気動画や投稿などをノートに書き出して、「どういう動画が好まれているのか」といった要素を抽出し、そこに自分が出せる企画とかけ合わせてみる。もちろん自分自身も楽しんで、という面もありますが、やる以上は多くの人に楽しんでいただけるように戦略を立てていきます。

撮影で出かけている際に、見逃せないようなシーンに出会うことも。九州を回っていたら「ななつ星」が止まっていて、「おぉっ！」と降りて撮影したこ

西園寺少年の左側にあるのは、
南海電鉄の関空行き特急「ラピート」

ともあります。「DEC741」（→P.64）の時はSNSの目撃情報を見て、偶然近くにいたので「あ、これ行ける」と思い、パッと移動して撮影しました。あれは大阪にいたら撮れなかったですね。このように、ある動画を撮影中に別の企画が持ち上がって、急遽そちらを撮影することもあり、動画制作でワクワクする瞬間のひとつです。

撮影中に列車を乗り過ごすなど、ハプニングが起こることもありますが、逆に「これはチャンス！」と考えて撮影を続行し、失敗もひっくるめて見てもらうというスタンス。より面白い動画になればいいなと思っています。

カメラを回しながらも頭の中には編集画面があり、「今もう何分くらいかな」とか、「ちょっと喋りすぎたから、景色の映像を流しながらテロップで」など、動画構成を常に意識しています。

編集作業で重要視しているのは、冒頭の3分間。チャンネル登録したという方はもちろん、初めて見る方も意識して、最初の3分間で簡潔に「どういう動画か」を説明しつつ、いかに「面白そう」と思ってもらえるか、ということに力を入れています。

YouTubeで伝えたい鉄道旅の魅力

鉄道旅の楽しみは、計画するところから始まっていると思います。地図を見ながら「どこへ行こう」「どうやって行こう」「こう行ったほうが長く列車に乗れるな」などと考え、そのうえで「どんな列車が出ているか」「ついでにこの観光地に寄ってみたい」と計画する。小学生の頃から時刻表を見て架空の旅行ルートなどを書いていましたから、そこが楽しくって仕方ないです。YouTube制作でも、計画するところが一番楽しいですね。「鬼ごっこ」企画とか、長い時間をかけて考えたものを実行してカタチにしていく過程にもやりがいを感じます。

自分はいわゆる「乗り鉄」なので、実際に乗った時に感じる車内の心地よい揺れや、車窓から眺める山や海、街の中や田園風景など、景色が移り変わるのを見るのがとても楽しい。海沿いを走る時は特にテンションが上がります。たとえば北海道の函館から「特急北斗」に乗って、噴火湾の海をずっと眺めているのが好きです。1時間も海が

高校生の頃から温めていた「鬼ごっこ」企画で、初めてYoutube急上昇ランクに挙がりました

九州を周遊する、日本初のクルーズトレイン「ななつ星in九州」

続くところってなかなかないので。日本は四季があるので、いつ乗っても違う景色が見られるというのが大きな魅力だと感じます。

また、地図を見ていると、この線路はなぜ遠回りしているのかなどの疑問が湧きあがり、勾配があるとか、駅設置の苦労話があったとか、そうした歴史や背景に思いを巡らすのも面白いです。

JR留萌本線は1910（明治43）年に開業。沿線の人口減少により段階的に廃線が進んでおり、2026（令和8）年3月に全線が廃止されます

温泉や地元グルメも大好きで、鉄道を楽しむならその街ごと楽しみたい。地元の人にとっては当たり前のことでも、外から来た僕らからしたら興味深いこともたくさんあります。

このように、鉄道旅の魅力はさまざまな視点から発見することができ、そのことを多くの人に知ってもらいたいという思いで活動をしています。

西園寺のこれからと「旅」というエンタメの未来

日本の鉄道は結構乗りましたが、まだ全線制覇はできていません。今は北海道のローカル線に興味があり、歴史の跡が感じられる留萌本線に乗ってみたいです。

函館と札幌を結ぶ「特急北斗」。噴火湾の向こうには壮大な駒ヶ岳も望めます

乗り物への興味は鉄道から始まりましたが、だんだん視野が広がってきて、他の乗り物も楽しいと思うようになってきました。最近ではバスや飛行機、船などの動画も出しています。以前、「日本一揺れるフェリー」に乗って与那国島に行きました。本当に過酷でしたが、それもまた旅の醍醐味ですね。

海外の鉄道にも関心があり、アメリカの鉄道アムトラックやドバイメトロ、フランスのTGVにも乗りました。今一番乗りたいのは、世界最高速という中国の高速鉄道です。

観光や旅行についてのエンターテインメントというものは、いつでもどこかで需要があると思います。この先、YouTubeがなくなることはないと思いますが、アプリやメタバースなど、別のカタチも考えたいです。そのためには、今出来ることとして、動画を見て「楽しいな」と感じてもらえる人を増やし、良い意味での知名度を上げること。あわせて「こういうのがあったらいいな」と思ってもらえる媒体も作っていけたらと考えています。

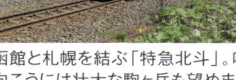

YouTube「西園寺チャンネル」

最長片道切符の旅から日本全国鬼ごっこまで

2018年にスタートした「西園寺チャンネル」は、関西在住のYouTuber「西園寺」が鉄道を中心にさまざまな交通を利用した動画を投稿しているYouTubeチャンネル。

『最長片道切符』の日本一周旅行からさまざまな企画にチャレンジ。日本全国を舞台にした『日本全国で鬼ごっこ』企画は、同チャンネルの最大人気企画となっています。「県庁所在地を通らずに日本縦断」や、「対決企画」「～してみた」などの動画も注目を集めており、動画投稿以外では、近畿圏のローカル鉄道とコラボレーションしたイベント企画「近畿ローカル鉄道まつり」の開催をプロデュースする活動にも取り組むなど、日本の凄さ、美しさを「公共交通機関」「風景」等の観点から伝えられるよう活動しています。

【急上昇！】日本全国が逃走範囲の“鬼ごっこ”がYouTube急上昇ランクに

西園寺が高校生の頃から温めていた、公共交通機関を使った「鬼ごっこ」企画。日本全国をフィールドに4日間で「鉄オタ」の逃走者と「非鉄オタ」の鬼が対決!勝敗は?

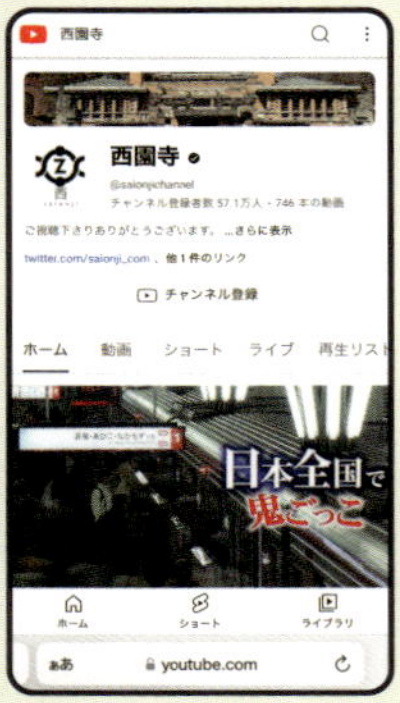

Check!
アイディア溢れる企画動画が満載!!

【挑戦！】県庁所在地を通らず列島縦断チャレンジングな企画に注目が集まった

たとえば大阪府なら「大阪市を通らない」というルール。果たして鹿児島県の枕崎駅をスタートして最北端の稚内駅まで、公共交通機関だけで果たしてたどり着けるのか！

https://www.youtube.com/@saionjichannel

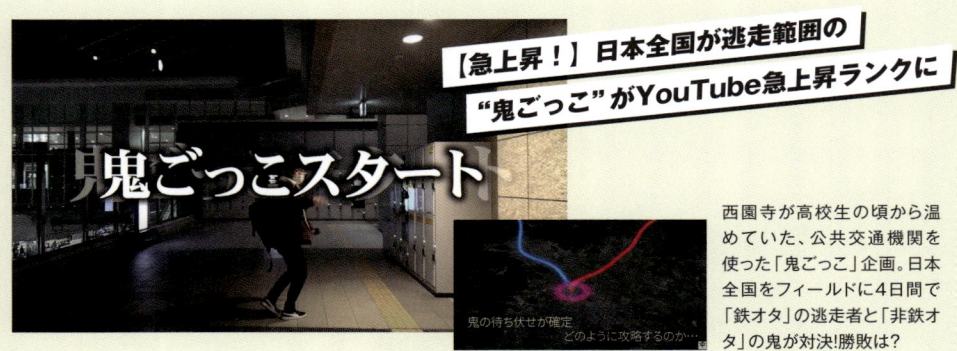

Japan’s amazing railways

第1章

速い!

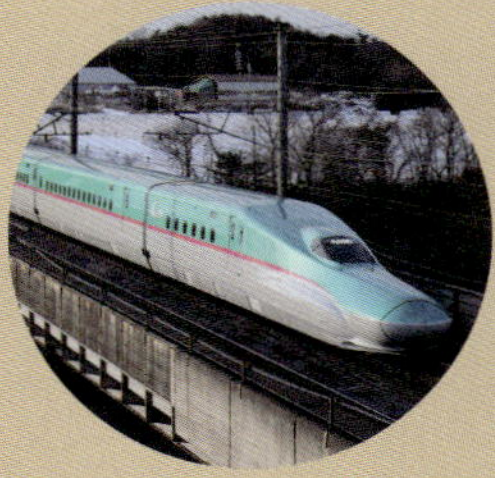

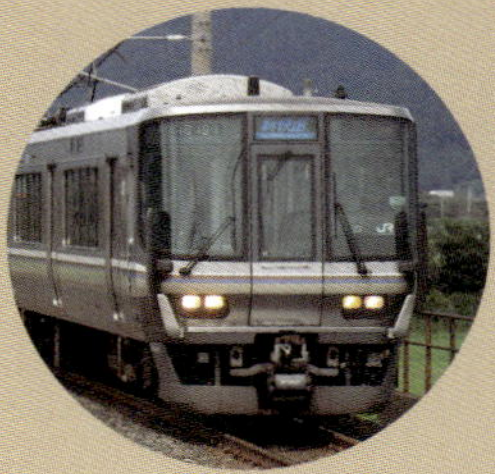

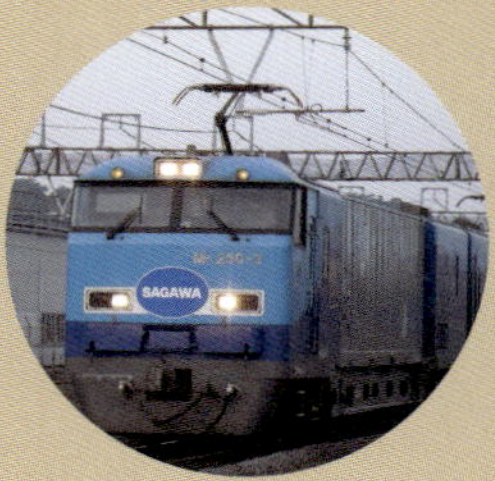

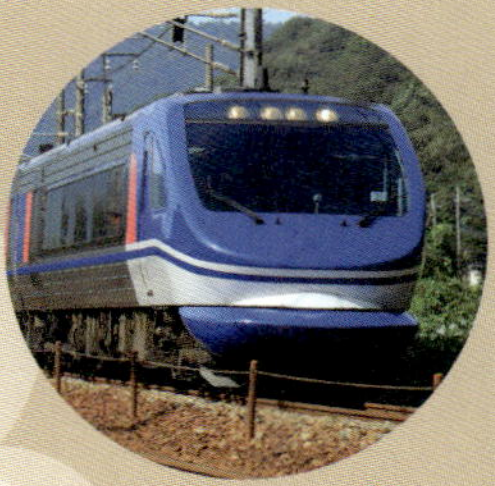

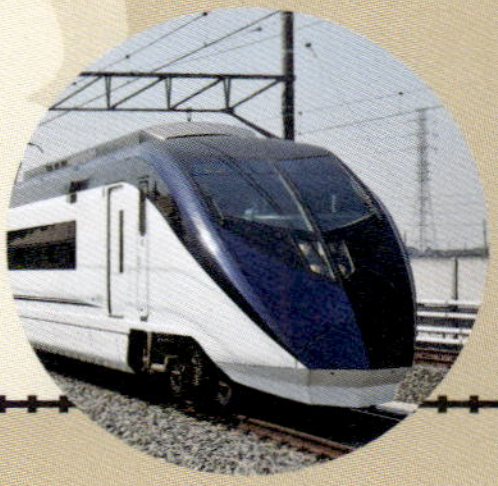

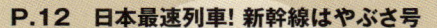

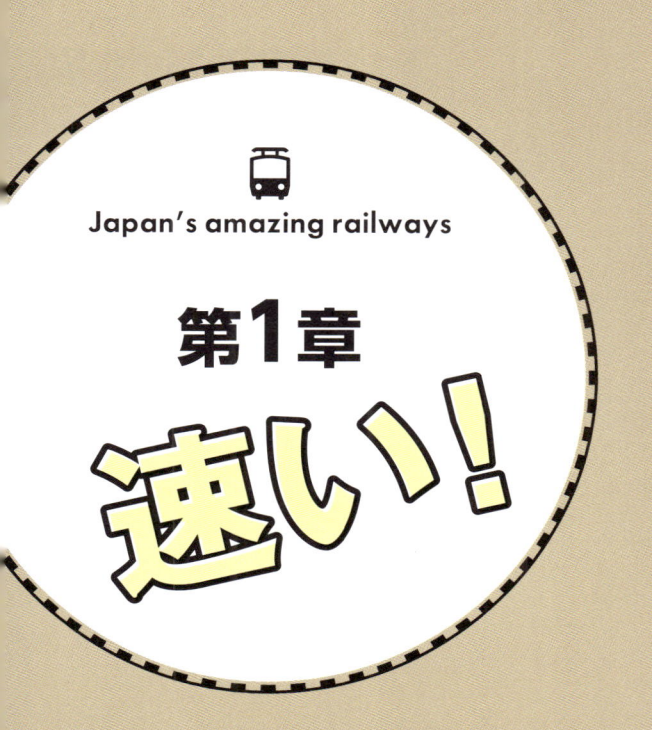

高架区間が多く、車窓の景色は最高。冬季は雪景色の中を疾走する。　写真提供:JR東日本

速い！

営業最高速度320km／h 日本最速列車！

新幹線はやぶさ号

「日本のすごい鉄道」というからには絶対に外せない列車をご紹介します。それが日本で最も速い列車、新幹線はやぶさ号です。

2011（平成23）年の3月に運行を開始した東北・北海道新幹線の最優等種別で、東京から北海道の新函館北斗を1本で結んでしまいます。その最高時速は320㎞。日本にこれ以上速く陸上を移動する乗り物はありません。東京から新函館北斗に至るまで、最速便の停車駅は大宮、仙台、盛岡、新青森のみ。途中4回しか扉を開かない徹底ぶりにスピードへの執念を感じます。

日本一の要素はほかにもあります。はやぶさ号は10両編成ですが、その多くは秋田まで向かう7両編成のこまち号と連結して、途中の盛岡まで走ります。連結時は17両になり、これは日本の営業列車では最長の長さを誇ります。乗車時に乗る号車を間違えると、軽いスポーツをすることになってしまうので注意が必要です。

また東北新幹線・北海道新幹線ともに高架区間が多くを占める路線だけあって、沿線の景色がよく楽しめます。東京

写真提供:JR東日本

グリーン車のさらに上「グランクラス」
新幹線のファーストクラスとも呼ばれる特別車両です。座り心地抜群なシートは全席独立型で、アメニティやドリンクサービスなど、多彩なサービスを受けられます。

路線ミニ情報
2019（令和元）年に登場した新幹線E956形は、JR東日本の新幹線用試験車両で、愛称は「ALFA-X」。北海道新幹線札幌開業を視野に、360km/h営業運転に向けて試験走行をしています。

を出発すると、都心部特有のゆっくりとした走りで上野の地下ホームに入ります。上野駅は新幹線唯一の地下駅になっていて、不思議な雰囲気が味わえます。地上部に出ると在来線と並走、日暮里付近では日本で1番の線路並走区間を通ります。なんと7路線・14本の線路が並ぶ複々々々々々線になっていて、ほぼ必ず何らかの列車とすれ違います。

少しずつスピードを上げながら埼京線と並走して大宮まで仲良く走った後、ここからはやぶさ号の本気が見られる区間に入ります。宇都宮付近までに、時速300km近くまで加速すると、宇都宮駅を通過したタイミングで再加速。気がついたら日本最速時速320kmに到達するのです。

E5系新幹線によって運行されるこの列車ですが、よくピックアップされる敵なしの速さはもちろんのこと、沿線での見所がとにかく多い！　福島辺りまでは平野部を貫くように走り、トンネルも非常に少ないため、タイムスリップしそうな景色の流れがくっきりと遮る物なく楽しめます。

宇都宮から盛岡までは約1時間30分となっていて、この間断続的に日本最速の乗車体験が続きます。僕自身、沢山の列車に乗ってきましたが、本当にこれ以上爽快な区間はないので、ぜひ一度は体験して頂きたいと思います。盛岡では、前に連結していた秋田に向かうこまち号との切り離しが行われ、先にこまち号が出発します。切り離しの様子をホーム上で観察できるのも、後に発車するはやぶさ号の特権。

盛岡より先はトンネルの多い区間に入ります。1番の見どころはやはり世界最長の海底トンネル・青函トンネルです。全長はなんと約53・9km。もちろん日本最長トンネルですが、はやぶさ号はなんと日本の鉄道トンネルベスト3をすべて通ることになります。まず日本第3位・全長約25・8kmの岩手一戸トンネル、そして青森県に入ると日本第2位・約26・4kmの八甲田トンネルを抜けて新青森に到着します。ここから先が北海道新幹線の区間になっていて、大トリともいうべき青函トンネルを抜けるとついに北海道に上陸。自然の雄大さを感じながら終点の新函館北斗に至ります。

圧倒的なスピードに加えて、都会の景色から大自然の景色まで楽しむことができるはやぶさ号は、まさに日本の鉄道のよさを凝縮したオールインワン・パッケージといえるでしょう。

DATA

運行開始／2011(平成23)年3月5日
車両／E5系、H5系、E6系
所有・運営／JR東日本(E5系、E6系)、JR北海道(H5系)
運行区間／東京駅〜新函館北斗駅間
営業キロ／862.5km
運行地域／東京、埼玉、茨城、栃木、福島、宮城、岩手、青森、北海道
運行線区／東北新幹線、北海道新幹線
軌間／1,435 mm
電化方式／交流25,000 V・50 Hz
最高速度／320 km/h(宇都宮〜盛岡間)
所要時間／最短3時間57分(東京〜新函館北斗間)
※一部列車は東京〜盛岡間で秋田新幹線「こまち」を連結

── 北海道・東北新幹線沿線の見どころ ──

東北から北海道には、神社仏閣や資料館など日本の歴史に触れられるスポットが点在しており、仙台七夕まつりや青森ねぶた祭といった国内屈指のビッグイベントも多数。夏の緑や冬の雪景色など、季節で全く異なる景色も楽しい、海外からも注目される人気のエリアです。

❶きじひき高原

パノラマ展望台からは、津軽海峡や函館山、駒ヶ岳などの絶景や、条件が合えば雲海を観賞できます。半径3,000mの巨大な弧を描く北海道新幹線の高架橋も望めます。

所在地／北海道北斗市村山174
電話／0138-73-3111（北斗市役所）

❷ねぶたの家　ワ・ラッセ

東北三大祭のひとつ「青森ねぶた祭」の歴史や魅力を紹介する施設。ねぶた囃子が流れる中、実物の大型ねぶたに囲まれ、ねぶた祭の世界に浸ることができます。

所在地／青森県青森市安方1-1-1
電話／017-752-1311

❸蕪島

ウミネコの繁殖地として国の天然記念物に指定されています。5月上旬には菜の花が咲き、蕪嶋神社の朱の鳥居や、青空を飛び交う白いウミネコが美しい景色を作り出します。

所在地／青森県八戸市鮫町鮫56-2
電話／0178-34-2730（蕪嶋神社）

❹光原社

宮沢賢治の童話集「注文の多い料理店」を出版した会社で、現在は全国の工芸品を扱うお店。賢治の直筆原稿などを展示した資料館や、クラシカルな雰囲気の喫茶室もあります。

所在地／岩手県盛岡市材木町2-18
電話／019-622-2894

❺瑞鳳殿

仙台藩祖伊達政宗公をはじめとする伊達家三藩主の霊廟。副葬品や復元容貌像などを展示する資料館があり、桜や紅葉など四季折々の自然も楽しめ、散策にも最適なスポットです。

所在地／宮城県仙台市青葉区霊屋下23-2
電話／022-262-6250

くす玉付きの
吹き流しは
仙台発祥！

❻仙台七夕まつり

伊達政宗公の時代から400年以上続く夏の風物詩。前夜祭には花火が上がり、豪華絢爛な笹飾りが市内を彩ります。毎年200万人以上の観光客で賑わう、日本一の七夕まつりです。

所在地／宮城県仙台市青葉区一番町3-2
電話／022-265-8185
（仙台七夕まつり協賛会）

西
saionji
YouTuber

【なぜ?】"特急しか停まらない駅"に行ったら面白すぎた

グランクラス専任のアテンダントさんがいて、出発前にドリンクを聞きに来てくれ、出発と同時にお膳が運ばれてきます。

追加注文などよく聞きにきてくれます。新青森で降りようとすると、ただでさえ自動ドアなのに開けてくださるという脱帽のサービス。

速い！

ココが凄い！

空気を切り裂く15mのノーズ

トンネル微気圧波(トンネル進入時に圧縮波が形成され、坑口付近で騒音を発生させる現象)対策で、先頭部はシャープな形状に。先頭車全長27mのうち、半分以上がノーズです。

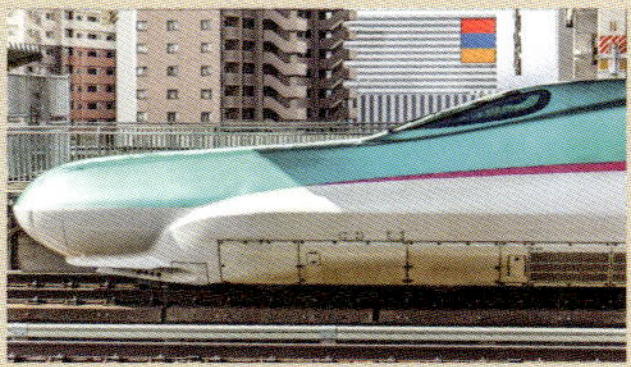

騒音と揺れ対策

騒音対策として台車部分を完全にカバーで覆い、パンタグラフにも防音板を設置。全台車に搭載した「フルアクティブサスペンション」で揺れを低減し、乗り心地も快適です。

沿線注目グルメ

盛岡冷麺

岩手県民のソウルフード。もとは平壌生まれの冷麺ですが、盛岡でアレンジされて昭和29年に誕生しました。キムチの辛さは、ほとんどのお店で選べるようになっています。

いかめし

イカに米を詰めて炊き上げた、函館の郷土料理。第二次世界大戦中、函館本線森駅の駅弁として考案されたのが始まりとされ、今でも駅弁や函館土産として人気を博しています。

撮影スポット

王子駅すぐにある複合文化施設「北とぴあ」の17階には展望ロビーがあり、高架線を疾走する列車を上から撮影することができます。

東京スカイツリーや、筑波の峰なども見えます！

ミニ情報

●はやぶさ号は2種類の車両があり、JR東日本が所有する「E5系」は車体の帯がピンク色。JR北海道所有の「H5系」は紫の帯が特徴で、数が少なく発見できたらラッキーです。

●東北新幹線の白石蔵王〜仙台間は日本一長い直線区間。小さな丘陵すらトンネルを掘って一直線に敷かれた25.7kmの線路を、はやぶさ号は約5分で駆け抜けます。

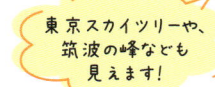

湖西線を走る「新快速」。特急並みのスピードを誇ります。

速い！

湖西線

速すぎる！踏切ゼロの高速路線

長年関西に住んでいる筆者も乗るたびに驚くのが、京都府・山科から滋賀県・近江塩津まで琵琶湖の西側をなぞるように走る「湖西線」です。

この路線の特徴は、何といっても踏切が1つもないこと。関西から北陸方面を短絡的に結ぶことを目的に作られたため、大部分の区間が高架化されており、また山もトンネルを通すことで急なカーブが存在しないので、まさに「高速走行をするための路線」といっても過言ではありません。現にこの区間を走る特急サンダーバード号や関西のエース・新快速は最高時速130kmで走るほか、かつて湖西線を使用した速度向上試験も行われており、筆者は「なんちゃって新幹線」と呼んでいます。湖西線の起点は「山科駅」ですが、すべての列車が東海道線を通って「京都駅」に乗り入れています。

既述したとおり高架区間が大部分を占めるため、この路線はスピードもさることながら流れる景色も関西随一であり、沿線の東側には日本一大きな湖である琵琶湖の雄大な姿を、遮る物なく楽しむことができます。

湖西線は、強風や大雨の影響も受けやすい路線でもあります。列車の遅延が発

沿線の東側に琵琶湖、西側には標高1,000mを超える比良山系の山々がそびえます。

路線ミニ情報 琵琶湖の西岸はかつて「江若鉄道」が走っており、湖西線の着工をうけて1969（昭和44）年に廃止。鉄道敷地の大部分を再利用して1974（昭和49）年に湖西線が開通しました。

生すると、駅構内のディスプレイで遅延した路線が地図上に光って表示されますが、関西にお住まいの方なら共感していただけると思いますが、その際光っている路線はほぼ100％といえるほどの確率で湖西線です。

湖西線の西側には比叡・比良山脈が続いているため、比良山地から東麓に吹く「比良おろし」と呼ばれる局地風が、高架化された遮る物のない湖西線に吹き下ろします。防風対策として、沿線の山側に「防風柵」を設置するなどの対策は行われていますが、いずれにしても速達化の裏返しとして、湖西線は関西でも有数の風に弱い路線になっているのです。

DATA

開業／1974（昭和49）年7月20日
所有・運営／JR西日本
管轄／JR西日本、JR貨物
起点／近江塩津駅
終点／山科駅
駅数／21駅
営業キロ／74.1km
運行地域／京都、滋賀
線路数／複線
電化方式／直流1,500V（架空電車線方式）
最高速度／130km/h

【爆走】関西を走る踏切が一切ない高速路線が凄い！(湖西線)

京都駅に入線してきたのは、12両編成の新快速電車、敦賀行き。これから関西有数の高速路線・湖西線を乗り通して、新幹線のような景色と走りを楽しんできます。

山科駅を出るとさっそく高架区間に入ります。既にスピードが出せそうな雰囲気が漂ってきていますね。

新快速のスピードメーターは120のところに接着剤でくっついているんですね。いつ見ても針が120より右にいます。

近江今津駅で後ろ8両を切り離すと、「A新快速」の表示。湖西線から神戸方面へ向かう列車はA、神戸方面から湖西線に入る列車はBと表示されます。

ココが凄い！

車窓の景色が素晴らしい！

小野駅からは、すぐ近くに琵琶湖を望むことができます。特に高架が高くなっている志賀〜近江舞子間は眺めがよく、おすすめです。

速達化を支える線路

高速走行区間には、コンクリート製の板にレールを敷く「スラブ軌道」を採用。安定性と省メンテナンス性に優れ、高架への負荷も軽減できます。

湖西線沿線の見どころ

琵琶湖と山々の景色はもちろん、豊かな自然に育まれた文化も魅力的。山から水を引いた古式水道や独自の食文化が根付いており、水の恵みを求めて建てられた歴史ある寺社も多く、「琵琶湖とその水辺景観」として日本遺産に認定されています。

❷メタセコイア並木

約2.4kmに渡って約500本のメタセコイアが並び、遠景の山々と調和した四季折々の絶景が楽しめる注目のスポットです。

所在地／滋賀県高島市マキノ町蛭口～牧野
電話／0740-33-7101
（びわ湖高島観光協会）

❶余呉湖

別名「鏡湖」とも呼ばれ、風のない日には湖面に風景が映り込み、神秘的な光景が広がります。羽衣伝説の舞台のひとつとして知られ、天女が羽衣をかけた柳が立っています。

所在地／滋賀県長浜市余呉町
電話／0749-53-2650（長浜観光協会）

❸ヴォーリズ通り

今津ヴォーリズ資料館をはじめ、米国生まれの建築家・ヴォーリズが手掛けた西洋建築が立ち並んでいます。大正から昭和初期の街並みが残る、隠れた名所です。

所在地／滋賀県高島市今津町今津
電話／0740-33-7101
（びわ湖高島観光協会）

❹楊梅の滝

落差76mと滋賀一を誇る滝です。湖西線の車窓からも眺めることができ、まるで白布を垂れかけたように見えることから「布引きの滝」という別名もあります。

所在地／滋賀県大津市北小松
電話／077-592-0378
（志賀観光協会）

❺満月寺浮御堂

湖中に浮かぶお堂の景観の素晴らしさは、近江八景「堅田の落雁」で名高く、松尾芭蕉はじめ古くから現代にいたるまで、多くの人々に愛され続けています。

所在地／滋賀県大津市本堅田1-16-18
電話／077-572-0455

❼毘沙門堂

どこから見ても目が合う「天井龍」や、見る場所によって絵も変化して見える襖絵は必見。紅葉の名所として有名で、秋には境内が紅く染まります。

所在地／京都府京都市山科区安朱稲荷山町18
電話／075-581-0328

❻おごと温泉

約1,200年の歴史を持つ滋賀県最大の温泉地。美しい四季の移ろいや、眼前に広がる琵琶湖の奥から朝日が昇る絶景を楽しめます。

所在地／滋賀県大津市雄琴1-2-7
（おごと温泉観光公園）
電話／077-578-3750
（おごと温泉観光公園）

写真提供：びわ湖大津観光協会

足を伸ばして

箱館山

コキアをはじめとする季節の草花や、風になびく高島ちぢみのカーテンと風鈴で彩られた、色彩豊かな山です。冬には白銀のゲレンデが広がります。

所在地／滋賀県高島市今津町日置前
電話／0740-22-2486

白鬚神社

近江の厳島とも呼ばれる近江最古の大社です。朝日を浴びた琵琶湖に浮かぶ大鳥居の神秘的な光景は、滋賀県を代表する絶景として知られています。

所在地／滋賀県高島市鵜川215
電話／0740-36-1555

ミニ情報

●「比良おろし」という局地的強風を逆手に取り、近江舞子駅に小さな風力発電装置を設置。1時間あたり最大1キロワット発電しており、駅の照明の一部をまかなっています。
●強風の影響を受けやすい湖西線には、AI強風予測システムが試験導入され、より安全な運行計画の策定に役立てようと、2023年度中の本導入を目指しています。

撮影スポット

近江高島～北小松間では、琵琶湖と田園の間を駆け抜ける電車を撮影することができます。田園が夏には新緑、秋には黄金に染まる、季節ごとの色彩にも注目です。

すぐ間近には
雄大な琵琶湖が
広がります♪

沿線注目グルメ

御菓子処 嶋屋

滋賀羽二重もちで包んだ「いちご大福」が人気の和菓子店です。湖西の名山・比良山の地下水をはじめ、こだわりの素材を使った生菓子を提供しています。

所在地／滋賀県大津市本堅田5-6-54
電話／077-573-4620

Event

山王祭

「大津祭」「長浜曳山まつり」とならぶ湖国三大祭のひとつ。3月1日から1カ月半にわたり行われますが、中でも4月12～14日の3日間は、桜の中を練り歩く神輿の勇壮な姿を見ることができます。

写真提供:びわ湖大津観光協会

Sightseeing

片道30分の
船旅へGO!

竹生島クルーズ

古くより神様が棲むといわれるパワースポット・竹生島。国宝や重要文化財の寺社など、見どころ満載です。島に向かうクルーズ船には長浜港・今津港どちらからでも乗船できます。

速い！

濃い青と淡い青の2色をベースとしたスピード感あふれるデザイン。 写真提供:JR貨物

速い!

最高時速１３０km!

日本最速の電車型特急コンテナ列車

スーパーレールカーゴ

駅のホームなどで貨物列車を見かけることは日常よくあります。一般客は乗車することはできない貨物列車ですが、機関車が多数の貨車を牽引し、旅客列車には比にならない長さで通過していく様は圧巻。昼夜を問わず長距離を駆け抜け、日本の物流を支えています。

そんな中で日本最速のスピードを誇る〝スーパー貨物列車〟をご紹介します。それがＭ２５０系・スーパーレールカーゴです。ＪＲ貨物と佐川急便が共同開発した日本初の電車型特急コンテナ列車で、東京貨物ターミナルと大阪の安治川口にある貨物駅を、最高時速１３０kmで毎日結んでいます。貨物列車で最高時速１３０kmものスピードを叩き出すのはこのスーパーレールカーゴだけです。

２００４年のダイヤ改正より運行を開始すると、歴代最速で東海道線を走り抜き、ほぼ毎日上下1本ずつ、深夜から早朝にかけて所要時間わずか約6時間10分で東京~大阪を結んでいます。昔の人も、かつてのビジネス特急こだま号や寝台特急サンライズ号よりも短い時間で、16両編成の電車型特急コンテナ列車が走る日が来るとは夢にも思わなかったはずです。ほとんどの区間で線形の良い東海道本線を走る列車だけあって、時速１００kmに近いような運転が続けら

写真提供:佐川急便

「スーパーレールカーゴ」は愛称で、JR貨物M250系が正式名称。「M」は「Multiple unit train(動力分散方式)」の頭文字。

路線ミニ情報 1往復で10トントラック56台分相当の貨物を積載可能。モーダルシフトの推進により年間14,000トンのCO_2削減を見込んでいます。さらに、トラックドライバーの労働環境改善にも効果を発揮しています。

れます。表定速度は時速約91kmにも及びます。

なぜ、長大な貨車を連結しながらこのようなスピードが実現できているのでしょうか？ 一番の理由は〝動力分散方式〟を採用しているところです。一般的な貨物列車は先頭に動力車である機関車を連結し、後ろの貨車を引っ張る〝動力集中方式〟が用いられますが、スーパーレールカーゴは16両の編成中に4両もの動力車が前後に組み込まれ、これによって前からだけでなく後ろからも推進力を受けることで、登り勾配や曲線区間でも高速走行が可能になっているのです。

旅客列車が寝静まった深夜に激走する電車型特急コンテナ列車ということもあって、なかなかお目にかかれないスーパーレールカーゴですが、確かにほぼ毎晩、大動脈を駆け抜けています。運よく遭遇できたらよいことが起きるかもしれません。

DATA

製造年／2002年～2003年
製造所／川崎重工業・日本車輌製造
運用者／日本貨物鉄道
出力／3,520KW
運行線区／東海道線・桜島線（東京貨物ターミナル～安治川口）
編成／16両編成（4M12T）
電気方式／直流1,500V（架空電車線方式）
最高速度／130km/h

ココが凄い！

ブルーリボン賞とエコプロダクツ大賞

環境時代にふさわしい車両の実現が評価され、2005（平成17）年、貨物専用形式として初の「ブルーリボン賞（鉄道友の会）」に選定、また「モーダルシフトの推進 スーパーレールカーゴ」の取り組みは第一回「エコプロダクツ大賞 エコサービス部門国土交通大臣賞」も受賞しています。

画像提供:JR貨物

ミニ情報

写真提供:JR貨物

●東海道新幹線が開業する前に東京～大阪間を結んだ在来特急「こだま」は、表定速度が時速約85kmほどで「スーパーレールカーゴ」のほうが速く、大阪駅通過時刻を基準とすると、駅間の所要時間は6時間を切ります。
●運行は、佐川急便の貸し切り輸送で、積載されるコンテナは、佐川急便の所有。
●「スーパーレールカーゴ」は東京貨物ターミナル発が23時14分、安治川口発が23時08分発で、日曜日は運休。深夜に走行するため、なかなか見る機会がありません。

撮影スポット

深夜運行が基本のため、走行中の明るい写真を撮るなら、夜明けの早い夏の早朝に東京や大阪の終点近くの沿線で待つしかありません。

東京・安治川口の各ターミナルには5:20頃に到着します

写真提供:佐川急便

2008年グッドデザイン賞を受賞したスーパーはくと。

速い！

山間部を高速で駆け抜ける日本最速気動車スーパーはくと

智頭急行

皆さんは第三セクター鉄道と言えばどのような印象を持たれるでしょうか？ 日本の鉄道にはＪＲに加えて、私鉄などの民間企業が運営するものや、都道府県や市町村が運営するものまでさまざまありますが、第三セクター鉄道とは今挙げたどちらでもない〝半官半民〟の鉄道を指します。民間企業と行政が協力したハイブリッドのような運営がなされており、このうちのほとんどが、かつて国鉄やＪＲだった路線を引き継いだものになっています。

そんな中で、全線が単線にも関わらず〝高速走行〟に特化した、最強の三セク鉄道が存在するのをご存じでしょうか。それが兵庫県の上郡から鳥取県の智頭までを結ぶ智頭急行です。

１９９４（平成６）年に山陰地方と山陽地方を結ぶ高速路線として開業以降、この路線は陰陽連絡の在り方を大きく変えてしまいました。何より地図を見て驚くのは、線路がほぼ直線に敷かれていること！ 山間部を容赦せずに短絡的に結んだ結果、全線の約43%がトンネルで占められており、列車に乗らずともスピードへの執念が伝わってきます。実際に最高時速１３０㎞に対応しており、トンネルのみならず高架区間も多いことから踏切もかなり少ないため、気を抜くとやはり新幹線かと錯覚してしまうほ

大きなフロントガラスも特徴的
運転台の助手席側すぐ後ろの座席からは、座ったまま前面展望を楽しめます。

路線 ミニ情報
智頭線は1966年に着工しましたが、1979年に国鉄の経営悪化で工事が中止。時を経て1986年に智頭急行鉄道株式会社が発足。8年後に社名変更、工事も完了して遂に開業しました。

どです。
　この速さを象徴するのが智頭線内に2種類走っている特急列車です。1つは鳥取方面と京阪神を結ぶ特急スーパーはくと。智頭線の開業と同時にデビューし、京都・大阪・神戸から1本で鳥取に行くことができる神のような列車になっていて、登場以前は4時間ほど要していた移動時間を、なんと1時間30分短縮。約2時間30分で結ぶ、まさにスピードの鬼です。東海道本線や山陽本線で行う高速走行を、智頭線内でも継続できるからこその所要時間です。実はかつて伊丹空港から鳥取空港まで結ぶ航空路線の設定があり、大阪~鳥取の最速ルートとして君臨していたのですが、スーパーはくととの競合に負けて廃止されたという経緯があります。智頭急行線の開業は飛行機すら滅ぼすほどの短絡効果があったわけです。

　2つ目は鳥取と岡山を結ぶ特急スーパーいなばです。この鳥取~岡山間に関しても、かつて急行砂丘号という列車によって津山線・因美線経由での運転が行われていましたが、智頭線の開業以降、特急いなばとして山陽本線・智頭線経由で走り始めると、走行距離が約10㎞も長いのにも関わらず、所要時間を約30分も短縮してしまうスピード狂ぶりで、最速ルートを置き換えることになりました。

　このように智頭線は、陰陽連絡には欠かせない〝高速道路〟のような役割を果たす重要路線として君臨しています。何より山間の区間を単線で走り抜ける爽快感が段違いで、旅行気分を味わうのにうってつけの路線ですので、ぜひ一度乗車されてみてはいかがでしょうか。

DATA

開業／1994(平成6)年12月3日
所有・運営／智頭急行株式会社
起点／智頭急行　上郡駅
終点／智頭急行　智頭駅
駅数／14駅
営業キロ／56.1km
運行地域／兵庫県、岡山県、鳥取県
軌間／1,067mm
線路数／単線
電化方式／非電化
最高速度／130km／h

速い！

ココが凄い！

カーブも高速走行!

スーパーはくと・スーパーいなば共に「制御付き自然振り子装置」を搭載。カーブ走行時の遠心力を、車体を傾けて打ち消すことで、曲線区間も高速で駆け抜けます。カーブ通過後の揺り戻しも制御するので揺れが少なく、乗り心地も抜群。

スーパーはくとには、強力エンジン搭載!

スーパーはくとには、355馬力のエンジンが1両あたり2基備わっており、全車両が動力車という構成で、「スーパー気動車」とも呼ばれる高速走行を実現しています。

智頭急行沿線の見どころ

山間部を駆け抜ける智頭急行沿線では、四季折々の姿を見せてくれる豊かな自然と、森の恵みを感じられる温泉地、昔懐かしい雰囲気を今も残す宿場町など、癒しのスポットがたくさん。宮本武蔵のふるさとをはじめとする歴史的な史跡も数多くあります。

「恋」のつく駅名は日本で4つだとか。

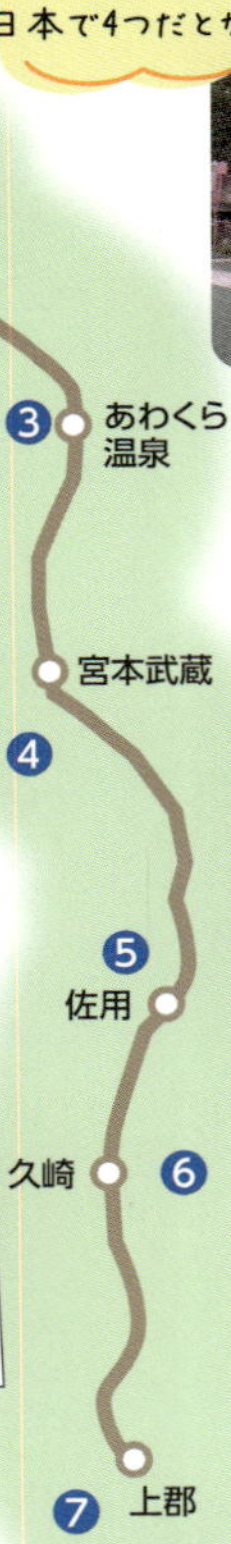

❶石谷家住宅

江戸時代から300年以上続く商家。広大な敷地に建つ建物や美しい庭園は、江戸～昭和の建築技術の推移を示すものとして国の重要文化財に指定されています。

所在地／鳥取県八頭郡智頭町智頭396
電話／0858-75-3500

❷ピンク色の「恋山形駅」

「恋がかなう駅」として話題の、ピンクとハートで埋め尽くされた駅。「恋がかなう鐘」や「恋ポスト」、ハートのテーブルが置かれた「恋の待愛室」が設置されています。

撮影スポット

佐用駅～平福駅間の線路の斜面にはたくさんの芝桜が植えられています。4月上旬にはピンクの花が咲き、「スーパーはくと」の青い車体が良く映えます。

❸湯～とぴあ黄金泉

森林と河川を望む露天風呂をはじめ、7種類のお風呂が楽しめる日帰り温泉施設。たぬきが傷を癒したというあわくら温泉の伝説にちなみ、たぬきの置物が散りばめられています。

所在地／岡山県英田郡西粟倉村影石2072-6
電話／0868-79-2334

❹武蔵神社

剣豪・宮本武蔵を祀る神社。必勝祈願や合格祈願などのご利益があるとされる、県内屈指のパワースポットです。

所在地／岡山県美作市宮本968
電話／0868-78-3111
（美作市役所大原総合支所）

❺佐用の大イチョウ

樹齢1000年、樹高28mの巨木で、県の天然記念物に指定されています。落ち葉の時期には美しい黄色の絨毯が広がります。

所在地／兵庫県佐用郡佐用町佐用3140
電話／0790-82-0670
（佐用町商工観光課）

❻飛龍の滝

佐用郡随一の規模を誇る荘厳な滝。突き出た岩壁で水の流れに変化がおき、飛龍の姿に見えることから名付けられました。冬には氷結することも。

所在地／兵庫県佐用郡佐用町櫛田
電話／0790-82-0670(佐用町商工観光課)

❼上郡森林体験の森

人と自然の共生を目指して整備された森。さまざまな植物や野鳥、昆虫が観察できます。林業体験・木工加工など森に親しむイベントが定期的に開催されます。

所在地／兵庫県赤穂郡上郡町山野里
電話／0791-52-1116(上郡町農林振興課)

足を伸ばして

芦津渓谷

四季折々に色づく山々が三滝ダム湖に映りこむ景色が美しく、特に紅葉シーズンは多くの人で賑わいます。

所在地／鳥取県八頭郡智頭町芦津
電話／0858-76-1111
（智頭町総合案内所）

南光のひまわり畑

佐用町内3地区で開花時期をずらしてひまわりが栽培されており、合計60万本以上のひまわりが7月中旬〜8月上旬にかけて順に見頃を迎えます。7月中旬〜下旬には「ひまわり祭り」も開催されます。

所在地／兵庫県佐用郡佐用町林崎839
電話／0790-82-0670
（佐用町商工観光課）

西 saionji YouTuber

気動車の本気「スーパーはくと」爆走時速130km

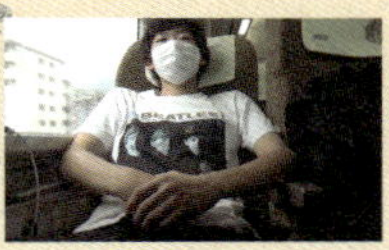

出発時はぐーっとギアを上げる音と重力で加速していくのが体感できます。あっという間に時速130kmに到達すると、音も揺れも電車との違いが分からないほど非常に快適!

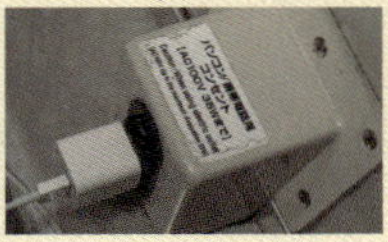

気動車なのに電源も使用可。電車なら、電気をそのまま流しているのかなと想像できますが、ディーゼルエンジンが電力に変わっているのは面白い!

ミニ情報

●スーパーはくとの内装にはこだわりがたくさん。

写真提供:智頭急行

床やシートは鳥取砂丘の風紋をイメージした模様と色合い。石谷家住宅など、沿線ゆかりのさまざまな柄の枕カバーがランダムにセットされています。

水まわりの照明には因州和紙や智頭杉が使われ、洗面は因州中井窯、倉吉絣や、ちずぶるーのカーテンなど、山陰の文化が散りばめられています。

写真提供:智頭急行

沿線注目グルメ

柿の葉寿司

鳥取県智頭町に古くから伝わる郷土食です。盆や祭りのおもてなし料理として親しまれているほか、道の駅やサービスエリア、古民家カフェ「和佳」などで提供されています。

©鳥取県

ホルモン焼きうどん

鉄板で焼いたうどんを、醤油や味噌ベースのタレにつけて食べる佐用町の名物グルメ。店ごとに違う味わいを楽しめるので、食べ比べしてみてください。

Event

©鳥取県

智頭宿雪まつり

智頭宿一円から智頭駅前にて、毎年2月上旬に開催。昼間は各種イベントや地元特産品の販売、夕方からは雪灯篭や手作り提灯がずらりと並ぶ、幻想的な光景を楽しめます。

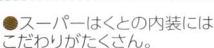

速い!

在来線では単独トップ! 最高時速160kmを誇る

京成スカイライナー

形式名は「AE形」。"Airport Express" の頭文字です。　写真提供:京成電鉄

京成電鉄が誇るスカイライナーの最高速度は、なんと時速160kmに達します。速い鉄道といえば、やはり新幹線を思い浮かべる方が多いと思いますが、このスカイライナーは「最も新幹線に近い列車」です。スピードにおいて、新幹線ではない在来線の列車で、この列車の右に出る者はいません。何と京成上野駅から成田空港駅までの64・1kmを平均36分で結んでしまいます。

関西のエース新快速や、関東の高速路線つくばエクスプレスなどでも最高時速は130kmとなっている中で、どうして在来線の最速ランナーとして君臨できるのでしょうか? スカイライナーの凄さをご紹介したいと思います。

スカイライナーは1973(昭和48)年にデビューしていますが、当初から時速160km運転を行っていたわけではありません。当時のスカイライナーの経路と現在のスカイライナーの経路を見比べると、京成高砂から先の区間で全く違うルートを辿っていることがお分かりいただけるはずです。スカイライナーは2010(平成22)年から、都心と成田空港をより短絡的に結ぶ高速運行専用路線〝成田スカイアクセス線〟を通るルートに変更され、最高時速160km運

開放感とくつろぎの客室

明るい照明や高いドーム型の天井で開放的な車内。人間工学に基づいた形状のシートや、広々としたシートピッチと座席幅で、のびのび過ごせます。

路線ミニ情報 「スピード感あるシャープな外観と高品質で快適な車内空間」が高く評価され、京成電鉄の車両として初めて、2010年度に「グッドデザイン賞」を受賞しました。

行を開始したという経緯を持っています。とんでもないスピードで走るためには、高性能な車両を用意することはもちろんですが、それに対応した線路や信号設備も必要不可欠であり、京成電鉄は高速運行のために線路を新設したのです。１秒でも早く成田空港まで結んでやる！という執念を感じます。

成田スカイアクセス線には、ほかの鉄道路線では見られない構造が数多く見られます。まずは新幹線のような見た目の線路です。踏切のない、高架区間が続く素晴らしい線形に加えて、京成電鉄の線路幅は新幹線と同じ標準軌ですので、一見すると新幹線にしか見えません。実際に線路が分岐する区間でも、スピードを落とさずに走行するために、上越新幹線で採用されている「38番分岐器」が導入されており、この全長１３５ｍもの長さを誇る分岐器によって、時速１６０㎞で通過しても揺れのない走行が実現されているのです。

また、運転のために必要な信号機も高速走行に対応した特殊なものになっており、一般的なものよりも灯球の多い「6現示6灯式信号機」が国内で初めて導入されました。この信号機は、一般的な信号機では現示することが出来ない「高速進行」を示すことができ、緑色灯が２つ点灯することで、時速１６０㎞の運転が可能になります。

スカイライナーに乗る際は圧倒的なスピードを楽しむのはもちろんのこと、そのスピードを支える構造や工夫を感じてみるのもよいかもしれません。

DATA

運行開始／2010(平成22)年7月17日
車両／京成AE形(3代目)
※2010年グッドデザイン賞 ※2011年ブルーリボン賞
所有・運営／京成電鉄
起点／京成上野駅
終点／成田空港駅
営業キロ／64.1 km
運行地域／東京、千葉
運行線区／京成本線・成田スカイアクセス線
軌間／1,435 mm
電化方式／直流1,500V
最高速度／160km／h(印旛日本医大～空港第2ビル間)
所要時間／最短36分(日暮里～空港第2ビル間、途中駅無停車の列車)

ココが凄い！

まだある！ 安全な高速走行のヒミツ

自動列車停止装置「C-ATS」

制限速度を超えると自動ブレーキが作動し、制限速度以下では自動ブレーキが緩解するしくみ。高速運転に対応できるよう更に改良し、安全に列車を停止させることができます。

電気を送る架線も高速対応に

国内初の「き電ちょう架方式によるヘビーコンパウンドカテナリ式」を採用。高速走行時でもパンタグラフと架線が常に触れるよう、架線の引張力を高めています。

写真提供:京成電鉄

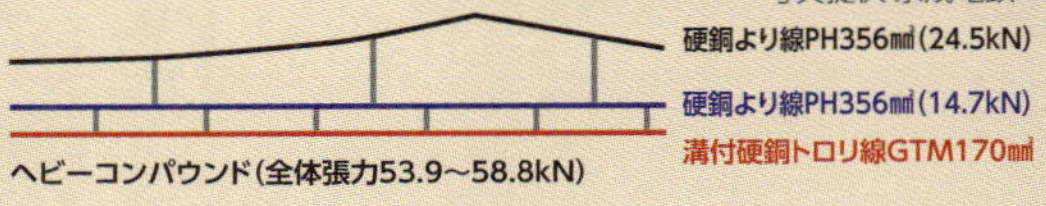

京成スカイライナー沿線の見どころ

東京の下町・上野から日本の玄関口である成田国際空港へとつながる京成沿線は、上野恩賜公園や昔ながらの商店街のほか、鉄道や飛行機など、乗り物好きにとって魅力的な場所が数多くあります。

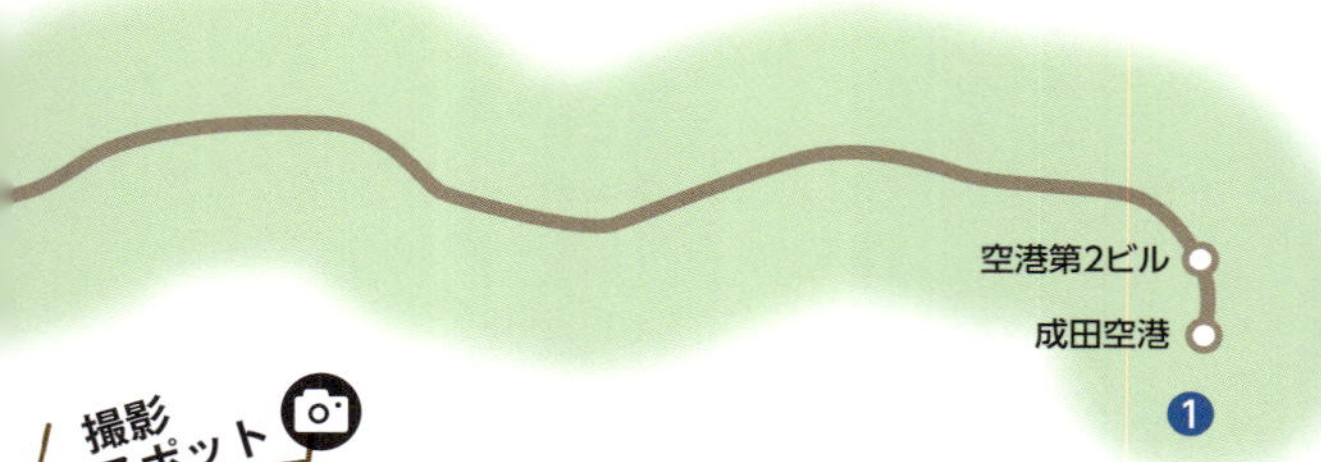

❶航空科学博物館
日本初の航空専門の博物館。ジャンボジェットのエンジンや胴体の輪切りなどの展示のほか、展望展示室からは成田空港を離着陸する飛行機を間近に見ることができます。

所在地／千葉県山武郡芝山町岩山111-3
電話／0479-78-0557

撮影スポット

京成本線江戸川駅の近くには「小岩菖蒲園」があり、5〜6月には見ごろを迎えたたくさんの花菖蒲と、江戸川橋梁を渡る京成スカイライナーを収めることができます。

園内にはあじさいも同時に見ごろを迎えます♪

【なぜ?】"特急しか停まらない駅"に行ったら面白すぎた

西 saionji YouTuber

成田湯川駅

成田スカイアクセス線成田湯川という駅にきております。空港がすぐそこ、成田スカイアクセス線の路線の中の一駅で、停車する列車はすべてアクセス特急という、非常に珍しい駅です。

京成スカイライナーが160km/hで通過する姿を見ることができる駅でもあります。外国人に「これ新幹線だよ」と言ったら間違いなく信じる、そんなスピードです。

こちらが6灯式の信号機。6個光るところがあり、青色2個で160km/h出してもいいという意味。青色1個は130km/h以下走行の合図です。

成田空港駅へ向かい、実際に乗ってみます。航空機みたいなすごい内装です。地上区間に出るといきなり160km/hで疾走し、一瞬で成田湯川駅を通過しました。

❷下御隠殿橋

JR日暮里駅北改札口を出てすぐの跨線橋。橋の中ほどに"トレインミュージアム"と呼ばれるバルコニーが設置され、様々な種類の電車が走る姿を見ることができます。

所在地／東京都荒川区西日暮里3-1
電話／03-3802-3111(荒川区役所)

❸谷中銀座商店街

東京の下町情緒が漂う商店街。総菜屋やお土産店など個性あふれるお店が約60件並び、散歩や食べ歩きなどを楽しむ地域住民や観光客で賑わっています。

所在地／東京都台東区谷中3-13-1

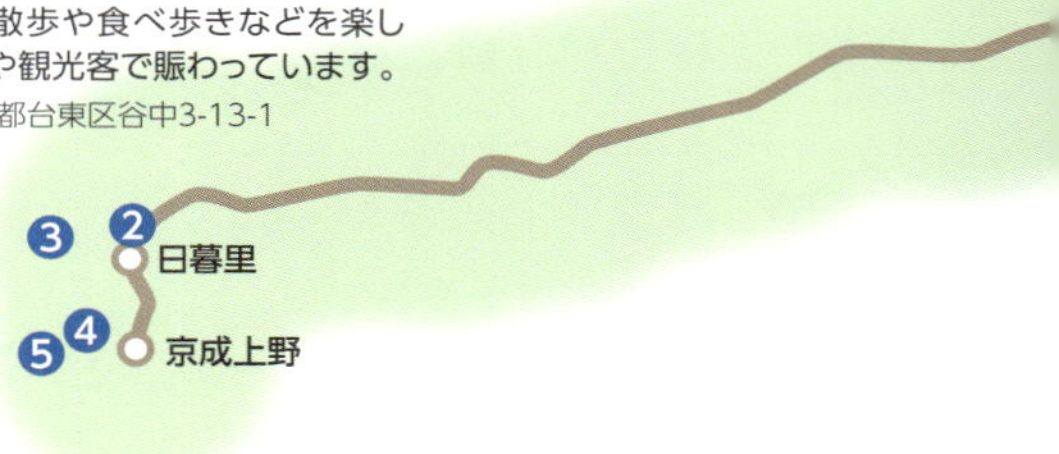

❺上野大仏

江戸時代に造られた際は6mある大仏でしたが、度重なる災害で頭部が落下し、現在は顔面部のみの姿に。「これ以上落ちない」として、受験生に人気の合格祈願スポットです。

所在地／東京都台東区上野公園4-8
電話／03-3821-4749

❹国立科学博物館

地球・生命・科学技術の歴史に関する研究成果や、自然科学等に関する標本や資料などを展示しています。屋外展示のD51形蒸気機関車は必見です。

所在地／東京都台東区上野公園7-20
電話／050-5541-8600

速い！

ミニ情報

写真提供：京成電鉄

●内外装や乗務員の制服、ヘッドマーク等のデザインは、世界で活躍したファッションデザイナーの故・山本寛斎氏が手掛けました。

●外装のコンセプトは「風」。ストリームホワイトとウインドブルーで塗り分け、車体先端部のシャープな形状や、毛筆でデザインされたロゴマークなどで疾走感を表現しています。

時代とともに進化してきた「京成スカイライナー」

成田空港開業に備えて製造されたのが起源で、現在走っている京成スカイライナーは3代目。歴史を担った車両たちを振り返ってみましょう。

写真提供:京成電鉄

日本初の空港特急 初代京成スカイライナー

- 営業期間1973年～1993年
- 最高速度105km/h

成田空港の開業に先駆けて運行を開始。当時は京成上野駅から成田空港駅(現・東成田駅)をノンストップ60分で走り、そこから空港まではバス連絡でした。2代目京成スカイライナーの導入で引退しましたが、その走行機器は京成3400系に再利用されています。

写真提供:京成電鉄

成田空港直下へ乗り入れ 2代目京成スカイライナー

- 営業期間1990年～2016年
- 最高速度110km/h

成田空港ターミナルビル(現・成田空港駅)への乗り入れに備えて製造されました。日暮里駅～空港第2ビル駅までを最速51分で運行。2010年7月の成田スカイアクセス開業後は「シティライナー」として活躍し、2016年2月をもって全車両が引退しました。

鉄道はどこまで速くなるのか?

**世界各国の高速鉄道競争が加速しています。
高速鉄道は都市と都市を効率的に結びつける手段として、
旅客輸送の未来が塗り替えられつつあるのです。**

世界が注目。イタリア高速鉄道

ヨーロッパの高速鉄道で最初に知られたのはフランスのTGVです。初めて日本の新幹線のスピードを上回ったことで注目されました。次にトレニタリア(旧イタリア国鉄)のユーロスターが有名ですが、ユーロスターに変わって2008年に登場したのが「フレッチャロッサ」です。イタリア語で『赤い矢』と名づけられたこの列車の営業最高速度は300km/h。ローマとミラノを最短で2時間55分で結びます。そして最新車両のETR1000型(2代目フレッチャロッサ)は、なんと営業最高速度360km/hの運行を視野に入れているそうで、これは日本のE5系の320 km/hを上回るスピードです。

急速な進歩。中国高速鉄道

中国の高速鉄道は、2007年に運行を開始した「和諧号」と2017年に運行開始した「復興号」が有名です。注目は「復興号」と名づけられた高速列車で、車両の型式はCR400AFとCR400BF。名前の400は最高速度の400km/hを表し、巡航速度は350km/hとまさに世界最速列車。上海から北京までの約1300kmを4時間半で結びます。中国の国土面積は日本の25倍、高速鉄道の果たす役割は大きいものがあります。急速に進歩する中国高速鉄道からは目が離せません。

将来の高速鉄道「リニア中央新幹線」

将来の高速鉄道を担うのが磁気浮上技術を利用して走る「リニアモーターカー」です。最初に営業運転を始めた中国の「上海トランスラピッド」は、430km/hを記録しました。現在日本で建設中の「リニア中央新幹線」は、有人走行試験で鉄道の世界で最高速度となる603km/hを記録しました。リニア中央新幹線は営業最高速度500km/hを予定しています。東京~大阪間は約1時間という時代がそこまで来ているのです。

Japan's amazing railways

第2章

豪華!

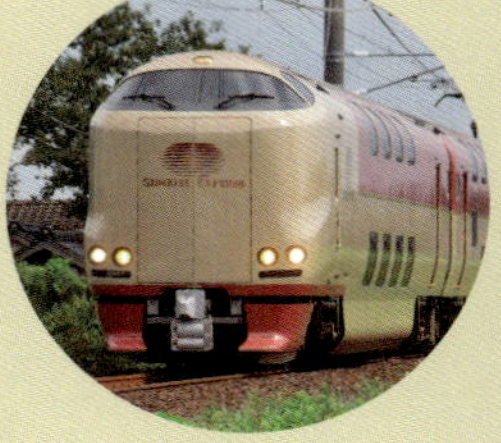

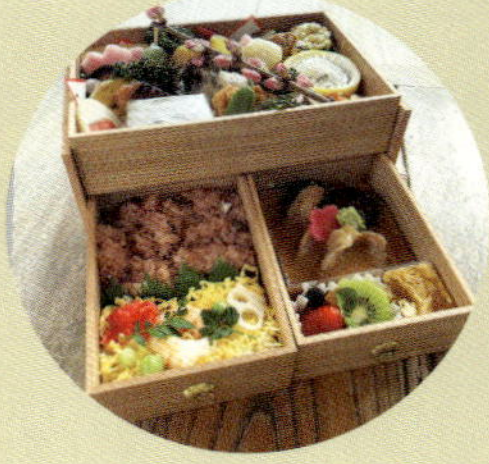

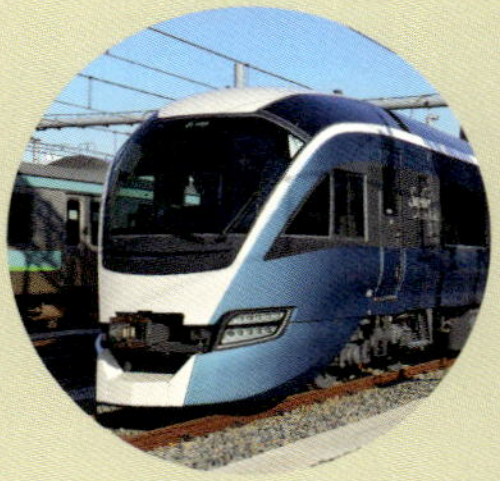

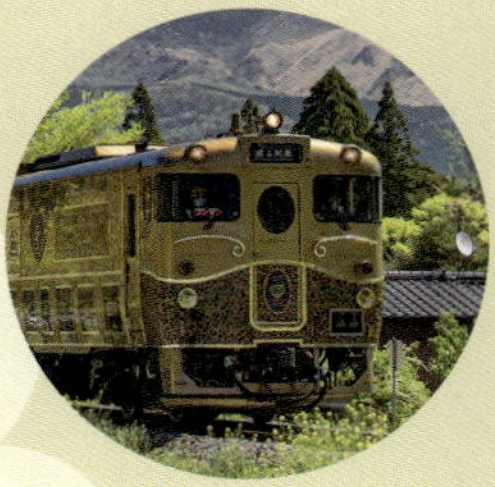

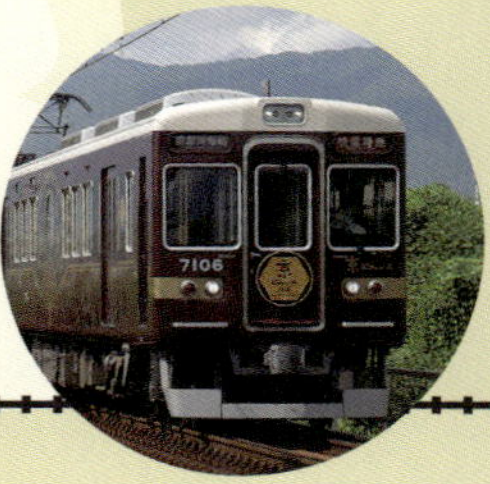

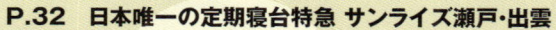

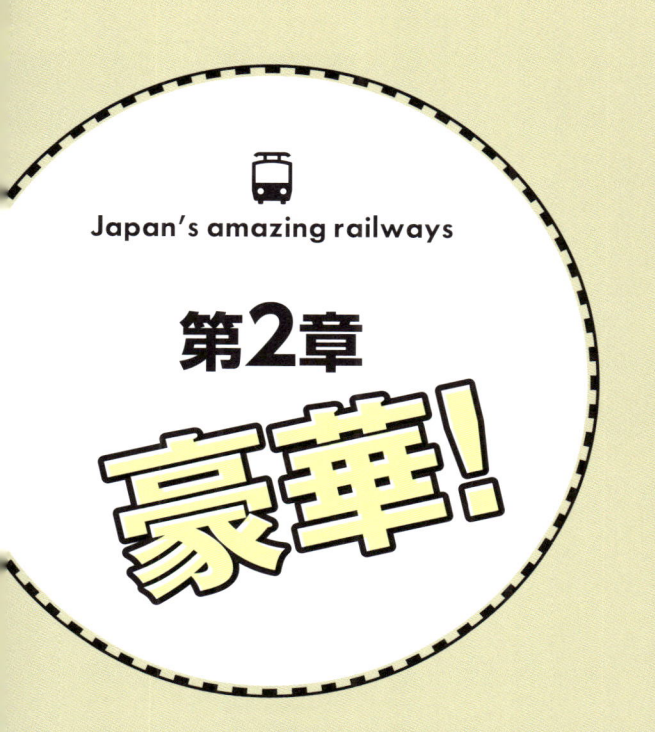

先頭車両には、昇る太陽をイメージしたロゴマークが描かれています。

豪華！

個室A寝台、シャワー室完備　日本唯一の定期寝台特急

サンライズ瀬戸・出雲

「寝台特急」という言葉の響きに心が躍るのは、鉄道ファンだけではないはずです。航空路線や新幹線がまだ現在ほど発達していなかった時代、東京駅からは最大13本もの青い寝台列車・ブルートレインが発車していました。そして現在、定期列車として唯一日本で運行されている寝台特急列車が、サンライズ瀬戸・出雲号です。旅行好きでは知らない人はいないほどの絶大な人気を誇り、まさに〝走る豪華ホテル〟のごとく、東京〜出雲市・高松間を毎日約12時間かけて走り抜いています。

14両編成はすべてが2階建て車両になっていて、内装は住宅メーカーと共同で設計されたこだわりっぷり。一度は乗られたことがある方も多いかと思いますが、このサンライズ号の凄さとおすすめの乗車法を、サンライズに50回以上は乗車したヘビーユーザーの視点からご紹介したいと思います。

何といっても見逃せないのは、圧倒的な運行距離です。このサンライズ号は日本の定期在来列車では最長距離を走る列車になっていて、サンライズ出雲号で953・6km、サンライズ瀬戸号で804・7kmに及びます。ちなみに日本最長距離を走る列車は、東海道・山陽新幹線で東京と博多を結ぶのぞみ号（1069・0km）ですから、いかに長い距離を走るのかがおわかり頂けるはずです。この区間を最高時速130kmで走り

路線ミニ情報　サンライズ瀬戸・出雲は、新幹線や航空機の最終便が出たあとに始発駅を出発し、これらよりも先に目的地の駅に到着できるため、山陽・九州方面への乗り継ぎにも便利です。

抜く様は圧巻。特に深夜帯になると他の営業列車の運転は終わり、通過する駅のホームが消灯されていたり、日中は見られない保線作業の様子を見ることができたりと、夜行列車ならではの景色が続き、もはや寝ている場合ではありません。

長い距離を走るだけあって、沿線の見どころもたくさんあります。サンライズ出雲号は伯備線内の景色がたまらない！ 高梁川や日野川と並走するように山あいの区間を走りますが、特に下り列車であれば冬場に朝起きると、そこは一面の銀世界。シェードを開けると飛び込んでくる景色は一生忘れることができません。サンライズ瀬戸号は何といっても瀬戸大橋から望む絶景を見ないわけにはいきません。朝であれば丁度日の出を橋の上から眺めることができます。文字通り〝サンライズから見るサンライズ〟。眩しい光が水面に反射してきらめいているのが印象的で、この眩しい光が実質目覚まし代わりになっているといっても過言ではないでしょう。

二つのサンライズ号に共通するのは、名だたる大ターミナルを通過する光景です。新幹線がすべて停車する新大阪や京都、名古屋、品川をサンライズ号は容赦なく通過していきます。これらの駅を通過するのはサンライズ号くらいですので、これらの駅の通過を見て爽快感を味わおうと無理をした結果、大抵翌日は寝不足になるというトラップ付き。もったいなくて寝られないのもまた寝台特急ならではの悩みかもしれません。

サンライズ号には、指定席特急券だけで乗車できるリーズナブルな普通車ノビノビ座席から、寝台特急の頂点・A寝台シングルデラックスまでさまざまなグレードの座席や個室がありますが、私が考える一番おすすめの乗車法は「シングルツイン」の一人利用です。シングルツインはB寝台で、1人でも2人でも利用できる二段タイプの個室なのですが、この個室をあえて1人で予約することで、1階部分を座席にしてラウンジスペースにし、2階部分を寝室スペースにするという有効活用が行えます！ この個室はB寝台ですから、A寝台より安く楽しめてしまうコスパ最強の利用法！ 皆様に真似されて切符が取れなくなることがないように願うばかりです。

車内では食べ物の販売がありませんので、事前にお酒やおつまみを購入の上乗車されると良いでしょう。またA寝台以外はタオルが付いてきませんので、シャワー用のタオルも忘れずに！ 私は何度も着ていた服が犠牲になっています。では素敵なサンライズライフを！

DATA

運行開始／1998(平成10)年7月10日
車両／285系(JR西日本後藤総合車両所出雲支所、JR東海大垣車両区)
所有／JR西日本、JR東海
運営／JR西日本、JR東海、JR東日本、JR四国
起点／東京駅
終点／出雲市駅(サンライズ出雲)、高松駅(サンライズ瀬戸)
※東京駅〜岡山駅間は併結
営業キロ／953.6 km (サンライズ出雲)、804.7 km(サンライズ瀬戸)
運行地域／東京、神奈川、静岡、愛知、滋賀、京都、大阪、兵庫、岡山、島根、香川
運行線区／瀬戸大橋線、山陽本線、JR神戸線、JR京都線、琵琶湖線、東海道本線、山陰本線、伯備線
軌間／1,067 mm　電化方式／直流1,500V
最高速度／130 km／h
所要時間／約12時間(サンライズ出雲)、約9時間30分(サンライズ瀬戸)

【比較】寝台特急サンライズ号のA寝台B寝台ノビノビ座席全部乗って快適性を比べてみた！

友人2人の協力のもと、それぞれ別のグレードの個室・座席を利用して東京から姫路まで移動。各特徴をレポートします。

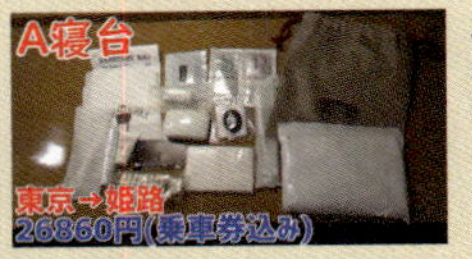

A寝台
広い室内には幅広のベッドのほか、洗面台や机に椅子。タオルや化粧水などのアメニティが充実。シャワーカードが無料で付いており、A個室専用シャワールームを利用できます。

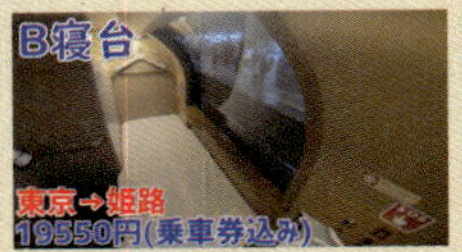

B寝台(ソロ)
荷物を置くと部屋を圧迫するものの、寝るスペースは十分。枕・ハンガー・寝間着・コンセントなど最低限のアメニティもあります。

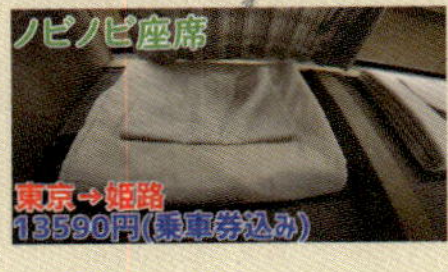

普通車ノビノビ座席
下はカーペット、頭の部分に若干の仕切り。枕カバーと肌掛けが置いてあり、コンセントはなし。プライバシー面が心配だったものの、案外ぐっすり寝れました。

サンライズ瀬戸・出雲の6つのシート

写真提供:JR西日本

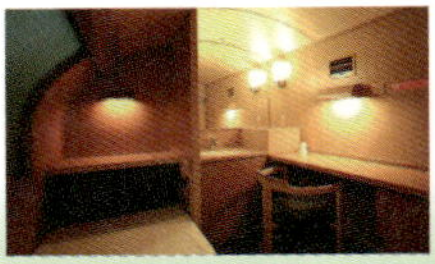

A寝台個室シングルデラックス
アメニティや設備が充実。

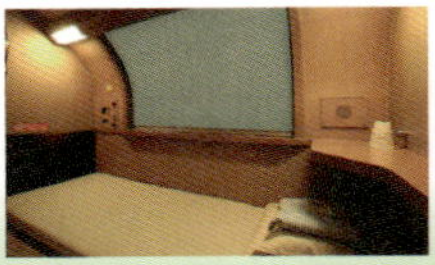

B寝台個室シングル
瀬戸・出雲に各80室あるポピュラーな個室。

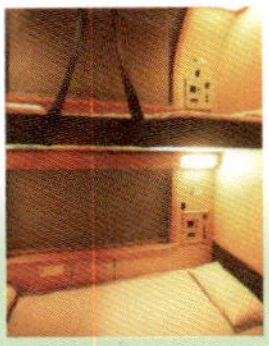

B寝台個室シングルツイン
上段の寝台は跳ね上げ可能。

B寝台個室ソロ
個室の中で、一番狭く、一番安い。

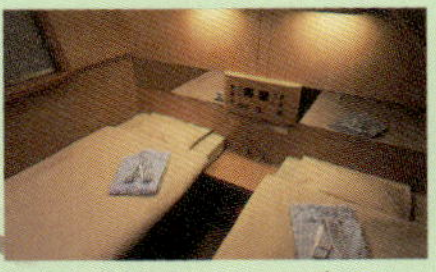

B寝台個室サンライズツイン
瀬戸・出雲に各4室の貴重な2人用個室。

普通車ノビノビ座席
寝台料金不要、簡単な仕切りで区切られた寝転べる座席。

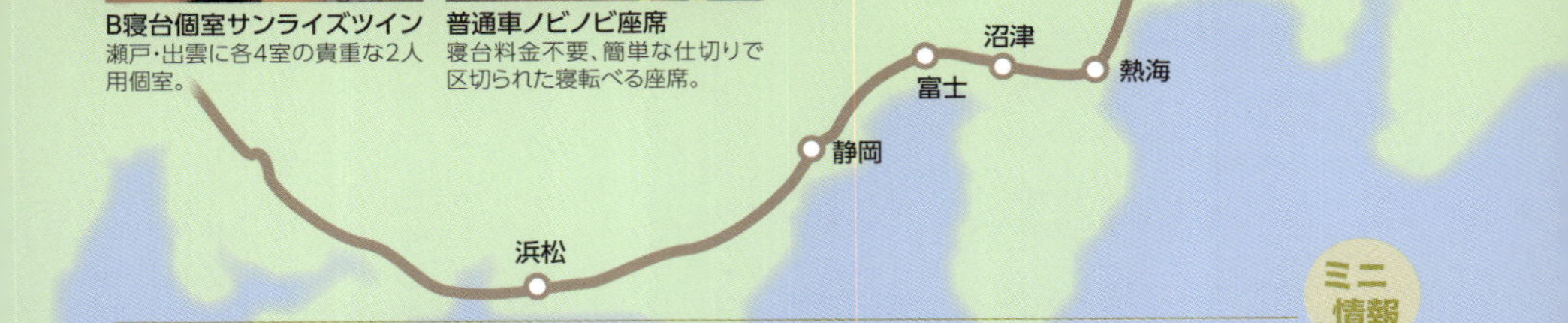

ミニ情報

●外装の配色は、赤は朝焼け、ベージュは朝もや、金のラインは日の出の地平線をイメージ。内装の設計と製造にはミサワホームも加わり、木の温もりを感じる客室となっています。

●チケットは、みどりの窓口または「e5489」(JRおでかけネット)での予約サービスで購入できます。乗車日の1か月前の朝10時から予約可能です。

ココが凄い！

シャワー室

3・10号車にあり、ボディソープとリンスインシャンプー、ドライヤー完備。車内にある販売機でシャワーカードを購入して利用しますが、すぐ売り切れるのでお早めに！

写真提供:JR西日本

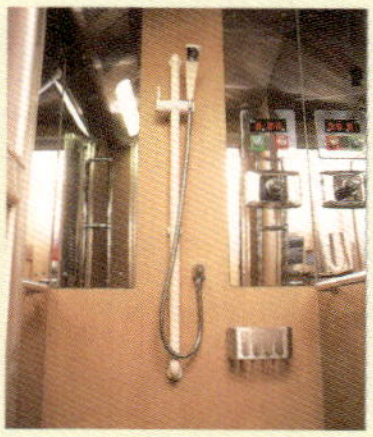

ミニラウンジ

窓側に向いた椅子とカウンターがあり、景色を眺めながら飲食したり、他の乗客との交流もできそう。すぐ近くにはドリンクの自販機とシャワー室があります。

写真提供:JR西日本

沿線注目グルメ

ままかり寿司

岡山県の郷土料理。「ままかり」は岡山でよく採れる小魚で、ママ（ご飯）を借りてくるほどうまいことからついた愛称とされています。

©岡山県観光連盟

讃岐うどん

あっさりだしとコシのある麺が特徴の、香川県の特産品です。代表的な食べ方は、少量の濃縮しただしをうどんにかける「ぶっかけうどん」。

出雲そば

日本三大そばのひとつで、色が濃く風味がいいのが特徴。代表的な食べ方として、冷たい「割子そば」や、温かい「釜揚げそば」があります。

サンライズ瀬戸・出雲沿線の見どころ

©岡山県観光連盟

❶蒜山高原

西日本屈指の高山リゾート。ジャージー牛の放牧やワイナリー、自然を活用したアクティビティ、ジンギスカンや蒜山そばといったご当地グルメなど、楽しみ方盛りだくさん！

所在地／岡山県真庭市
電話／0867-66-3220
（蒜山観光協会）

撮影スポット

JR伯備線の根雨駅～黒坂駅間に
通称「ネウクロ」と呼ばれ、大自然を
バックに、トンネルを出入りする姿
や、鉄橋、俯瞰で撮れる場所など
好撮影地が点在しています。

❷稲佐の浜

国譲り神話の舞台で、日本遺産「日が沈む聖地出雲」にも認定された浜。日が沈みだすと、砂浜と雄大な日本海、その間にたたずむ弁天島が神秘的な光景を作り出します。

所在地／島根県出雲市大社町杵築北2711
電話／0853-31-9466
（出雲観光協会事務局）

❸五色台

弘法大師が開いた「真言密教」の五大色（青黄赤白黒）の名がついた5つの峰があり、県有数のパワースポット。四季折々の美しい景観と瀬戸内海の多島美が楽しめます。

所在地／香川県高松市・坂出市
電話／0877-44-5103（坂出市産業観光課）

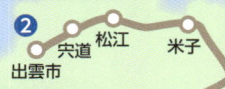

大友楼の加賀野立弁当（金沢駅）は、10000円（3個から）。

豪華！

地元の名産や季節の味覚…
地域のおもてなしの心が溢れています

超豪華駅弁を楽しむ旅！

鉄道旅のおともに欠かせないのが「駅弁」。心地よく揺れる車内で美しい景色を見ながら食べるご飯は、より一層おいしく感じるものです。そんな駅弁にも日本全国にはさまざまなバリエーションがあり、その土地ならではの絶品が旅を彩ってくれます。

いまや駅弁は日本の食文化のひとつであり、全国には豪華な弁当や高額な弁当が数多くあります。そんな駅弁をご紹介しましょう。

駅弁の大きな魅力は、地域の特産品や郷土料理を楽しめることです。例えば、金沢駅の「加賀野立弁当（冒頭写真）」は、創業180年の歴史を持つ老舗料亭による豪華弁当。車エビのうま煮や加賀名物の治部などが贅沢に盛り込まれており、金沢ならではの味覚を楽しむことができます。

鉄道旅に特別なひとときを演出してくれる駅弁。車内で地方の味覚を味わいながら見る車窓の風景は、豊かな旅の思い出になることでしょう。

「峠の釜めし」で有名な、おぎのやさん。秋の季節限定「峠の松茸釜めし」は6,000円。

路線ミニ情報

駅弁は季節や食材の状況で、必ず食べられるものではありません。昨年あったものが今年もあるとは限らないのです。また、毎年新しいメニューが登場するのも楽しいもの。文字通り駅弁との出会いは一期一会です。

数ある駅弁の中で史上最も高額なものをご存じですか？ 日光鱒鮨本舗の「日光埋蔵金弁当」。何とそのお値段、〝23万7000円〟！ 本当に弁当の値段なのかと疑ってしまいます。

中身は、北海道産のタラバガニを使ったちらし寿司や、九州産の車海老、キャビアにA5ランクの和牛ステーキなど、贅沢食材が並ぶさまは〝弁当界のオールスターゲーム〟。列車の中で食べるには逆に気が引けるかもしれません。

最大の特徴は、その容器。お弁当箱に、日光の伝統工芸「日光彫」の美しい装飾が施されているのです。お箸も漆塗りのしっかりとしたお箸で、お弁当を食べたあとも繰り返し使うことができるもはや〝芸術品〟。

容器代を考慮しなければ約7万円のお値段だそうで、格が違います。現在は器をつくることができなくなってしまったため〝幻〟となってしまいました。

史上に残る“幻”の超高額駅弁
「日光埋蔵金弁当」

職人技が光る日光彫の容器&箸

日光の職人による手彫りで、製作期間は彫りに1～2か月、漆塗りに1か月程度。ひとつひとつデザインも異なります。

配送不可！ 日光でしか入手できない

職人が精魂込めて作った容器を大切に扱うため、宅配便での配送は不可。製造元会社で予約を受け付けており、日光市内の道の駅や東武日光駅周辺で手渡ししていました。

お手頃価格でも十分豪華！

人気の「日光埋蔵金弁当」

日光埋蔵金弁当（1,700円）

写真提供:東武商事

日光鱒寿しをはじめ、日光鱒鮨本舗の人気駅弁4種類を詰めこみました。

■購入場所:駅ナカショップACCESS東武日光駅店、鬼怒川温泉駅店、下今市駅上りホーム店（予約推奨）、もしくは通販（関東地方のみ）

SL大樹日光埋蔵金弁当（1,500円）

写真提供:東武商事

2017年の「SL大樹」運行開始に合わせて販売。徳川家の印籠をイメージした器や、石炭シャベル形のスプーンが特徴です。

■購入場所:駅ナカショップACCESS東武日光駅店、鬼怒川温泉駅店、下今市駅上りホーム店、もしくは通販（関東地方のみ）

三重県
松阪駅

匠の技 松阪牛物語

4,200円(税込)

販売場所

- JR紀勢本線「松阪駅」構内 直営売店(年中無休)
- 松阪駅前 駅弁のあら竹本店(年中無休)
- 国道42号線 ドライブインあら竹(定休日有/不定期)
  ※予約が望ましい

■駅弁のあら竹本店/三重県松阪市日野町729-3(JR松阪駅前通)
0598-21-4350
https://www.ekiben-aratake.com/ekiben-aratake/index.html

最高級の松阪牛を使った 加熱式すき焼き弁当

「高級駅弁」といえば、やはり牛肉。牛肉といえば真っ先に名前の上がるのが三重県の松阪ですね。その松阪駅(JR、近鉄)で販売されている「匠の技 松阪牛物語」をご紹介します。販売しているのは明治28年創業の「駅弁のあら竹」。日本で最初に牛肉弁当の販売を始めた老舗です。

このお弁当は、なんと一個が4200円(税込)! 最高級のA5ランク松阪牛を使い「松阪牛産地証明書」も添付されています。加熱式ですので、加熱後そのまま食べ、その後オリジナルの「粗挽き粒黒こしょう」をかけてスパイシーな味も楽しめます。吟味を重ねた地元の食材を使った完全手作りの駅弁は、一度は食べてみたいまさに日本屈指の牛肉弁当です。

広島県
宮島口駅

穴子飯

2,700円(税込)

販売場所

- あなごめしうえの宮島口本店 JR「宮島口駅」から徒歩1分
- 夢百選 ekie広島駅2F
- 福屋広島駅前店 地下1階 広島みやげ売場
- 広島三越店
  ※電話、メール、店頭で予約できます

■あなごめしうえの/広島県廿日市市宮島口1-5-11
https://www.anagomeshi.com/
通販サイトhttps://shop.anagomeshi.com/

創業明治三十四年。 老舗のこだわりの味

「あなごめし」は、1897(明治30)年に開業した宮嶋駅(現在の山陽本線宮島口駅)の駅売弁当として、宮島でお米の商いをしていた上野他人吉が販売したのがはじまりです。宮島の近海では穴子がたくさん穫れ、当時から地元料理として穴子どんぶりがありました。他人吉が駅弁として販売した「あなごめし」は大変な評判を呼び、以来120年を超えて広島の名物となったのです。

ふっくらと柔らかい穴子の独特の風味とタレの甘辛い味が口いっぱいに広がる広島を代表する味は、心に残る美食体験となることでしょう。宮島口の本店以外に、広島駅の周辺でも購入することができます。

鳥取県 米子駅 吾左衛門鮓 鯖

販売場所

- おみやげ楽市 シャミネ米子店　JR山陰本線、伯備線「米子駅」
  鳥取県米子市弥生町2
- 株式会社米吾／鳥取県米子市奈喜良248-4
  0859-26-1511（代）
  フリーダイヤル0120-535-474/9:00～17:00（年中無休）
  https://www.komego.co.jp/
  オンラインショップ https://gozaemon.komego.co.jp/
  ※北海道・東北・沖縄へのお届け不可

ルーツは江戸時代まで遡る「吾左衛門鮓」

江戸時代、米子の廻船問屋の五代目米屋五左衛門は、船子たちに酢飯に酢でしめた鯖をのせ、ワカメで巻いた弁当をもたせました。これが「吾左衛門鮓」のルーツ。

1902（明治35）年、山陰線が開通。十代目内田吾吉郎はその建設工事への功労者として、米子駅で構内販売の許可を得ました。駅弁を販売する「米吾」の創業です。

すし飯と国産の魚、秘伝の昆布炊きと鳥取県産すし米が口中で絶妙に混じり合い、さっぱりした味わいの中にも濃厚なコクが味わえる「吾左衛門鮓」は評判を呼びます。「吾左衛門鮓」は旅人だけでなく、地元の皆さまからも親しまれる商品となったのです。

番外編 JR東日本 駅弁頂上決戦「駅弁味の陣」で賞に輝いたツワモノたち

2012年に始まった「駅弁味の陣」は、エントリーされた東日本の駅弁を、「アンケート投票」で評価するものです。最も高い評価を獲得した駅弁は「駅弁大将軍」、第二位は「駅弁副将軍」の称号を得ることができます。

2022年 駅弁大将軍

津軽の弁当 お魚だらけ（1,250円）

青森県内で食べられている魚数種類を多彩な手法で調理。「名前の通り魚がたくさん入っている」と高い評価。新青森駅、弘前駅などで販売。

2023年 駅弁大将軍

忠犬ハチ公の故郷 おおだて鶏めし（1,350円）

大舘駅（秋田県）の新駅舎開業と、ハチ公生誕100年を記念した駅弁。比内地鶏など、大館の食材を味わえます。大舘駅、秋田駅、新青森駅で販売。

2022年 駅弁副将軍

鉄道開業150年記念弁当（1,500円）

「シウマイ弁当」でおなじみの崎陽軒が、鉄道開業150年記念で「横浜らしさ」表現した弁当。
※2022/10/11～10/15の期間限定販売。

2023年 駅弁副将軍

牛肉どまん中カレー味（1,350円）

山形県産どまんなか米の上に、秘伝のタレで味付けした牛そぼろと、カレー味の牛肉煮のバランスが絶妙！ 東京駅、仙台駅で販売。

東京-伊豆急下田駅までを約2時間30分で結びます。　写真提供:JR東日本

豪華！

一対一の座席配列 プレミアムグリーン車

特急サフィール踊り子

列車の座席にはさまざまなグレードがありますが、全座席がグリーン車以上を誇る〝超高級〟特急列車をご存じでしょうか？ それがJR東日本の「サフィール踊り子号」です。２０２０（令和２）年に運行を開始したかなり新しい特急列車で、これまで走っていた東京〜伊豆方面を結ぶリゾート特急「スーパービュー踊り子号」の後継としてデビューしました。

何といってもこのルックスが特徴的！ 洗練されたデザインで目線をくぎ付けにするオーラがありますよね。初めて見たときは、エイリアンに少し似ているなと思った記憶があります。

見た目はもちろんのことですが、車内に入るとさらにそれを上回る衝撃が待ち受けています。8両編成の内、4両がグリーン車になっているという贅沢な仕様。東海道新幹線でもグリーン車は16両中3両ということを考えれば、そのラグジュアリーさがおわかりいただけると思います。4人個室・6人個室を備えた2両のグリーン個室車両も連結されており、グリーン車両は6両もあります。

気になる残りの2両ですが、温かい食事が提供されるカフェテリア車両の1

写真提供:JR東日本

1号車のプレミアムグリーン
広々とした1＋1列の座席配置。座席は窓方向に回転でき、車窓からの景色を存分に楽しめます。

路線ミニ情報
「大人のIZU 本物のIZU」をコンセプトに、移動時間を快適に楽しく過ごすことを主眼において開発。車両デザインは世界的プロダクトデザイナー・奥山清行氏が監修しました。

両に加え、もう1両連結されているのが世にも珍しい〝プレミアムグリーン車〟です。日本で唯一の座席グレードになっており、このサフィール踊り子にしか設定がありません。限定20席しかない超プラチナ座席は、座席というよりはもはや空間。新幹線に設定されるグランクラスですら1＋2列配置ですから、1＋1列配置はゆったりどころの話ではありません。高級ホテルのラウンジのようですよね。グリーン車・プレミアムグリーン車ともに電動リクライニングシートになっており、心ゆくまでくつろぐことが出来ます。

1人や2人でゆっくりと楽しむことはもちろん、家族や友人とワイワイ楽しむのには個室がおすすめです。個室ではカフェテリアの食事をデリバリーしてもらえる特権があります！

また、サフィール踊り子からの景色で個人的に絶対外せないのが、早川～真鶴駅間から見る相模湾の青い海です。豪華な車内を楽しみながら、抜群の車窓を鑑賞することも忘れてはいけませんので大忙しです。下り列車の場合だとさらにその先、伊東線内や伊豆急行線内の随所で、進行方向左側に相模湾を望む絶景ポイントが連続します。

関東屈指の絶景を望みながら、全車グリーン車以上という高級会員ホテルのようなな特別感を味わうことができるサフィール踊り子号は、旅行に素晴らしい彩りを添えること間違いなしです。

DATA

運行開始／2020(令和2)年3月14日
車両／E261系(JR東日本大宮総合車両センター)
所有／JR東日本
運営／JR東日本、伊豆急行
起点／東京駅(新宿駅)
終点／伊豆急下田駅
営業キロ／167.2km(東京～伊豆急下田間)
運行地域／東京、神奈川、静岡
運行線区／JR東海道本線、JR伊東線、伊豆急行線
軌間／1,067 mm
電化方式／直流1,500V
最高速度／120 km／h
所要時間／平均2時間29分
(東京～伊豆急下田間)

豪華！

西 saionji YouTuber

【1番列車】サフィール踊り子1号に乗ってみた(東京→伊豆急下田)【全席グリーン車】

この日座ったのは5号車5番C席。電動レッグレストがあり、シートピッチも広いので足をグーっと伸ばせます。十分にリクライニングもできて、まるでマッサージチェア。

車内販売でマドレーヌを購入。流れる景色、この環境。サフィールマジックにかかっていますから、何を食べてもおいしいと思わざるを得ません。

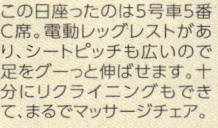

特急サフィール踊り子沿線の見どころ

伊豆半島の東岸を走るこの沿線は、太古の火山活動が生んだ絶景と温泉、透き通った美しい海があり、一年を通じてさまざまな楽しみ方ができるエリアです。また、日本で最初の開港場として知られる下田では、幕末の史跡や名所をめぐることができます。

❶熱海
徳川家康が湯治に訪れたことで世に知られ、以降多くの著名人に愛される温泉街。歴史ある街並みと、南国ムードなビーチ、豊かな自然が共存した観光地です。
電話／0557-85-2222（熱海市観光協会）

❷初島
熱海から高速船で約30分で着くリゾート島です。各種マリンスポーツはもちろん、地元漁師による海鮮料理、海泉浴など、楽しいスポットが盛りだくさん!
所在地／静岡県熱海市初島
電話／0557-67-1400
（初島区事業協同組合）

撮影スポット
関東屈指の景観路線なので、撮影スポットは数しれず。河津桜と菜の花の咲く季節は、青い車体とのコントラストがきれいなショットを狙ってみましょう。

❸道の駅　伊東マリンタウン
海辺にカラフルな建物が並んだ道の駅。食事処やお土産屋のほか、日帰りスパやペットOKの足湯、海中を観賞できる遊覧船などもあり、1日中遊べます。
所在地／静岡県伊東市湯川571-19
電話／0557-38-3811

❹城ヶ崎海岸
約4000年前、大室山の火山活動によってできた迫力ある溶岩海岸です。全長48m×高さ約23mの「門脇つり橋」は、断崖絶壁のスリルを味わえます。
所在地／静岡県伊東市富戸
電話／0557-37-6105

❻下田港内めぐり
日本海国の舞台・下田港を、黒船「サスケハナ」に乗って一周できます。ペリー艦隊投錨の地、吉田松陰が密航しようと潜んでいた弁天島や、南伊豆の遠景を楽しめます。
所在地／静岡県下田市外ヶ岡19
電話／0558-22-1151

❺熱川バナナワニ園
知る人ぞ知る温泉街・熱川の温泉を利用して、熱帯に生息する動植物を飼育しています。園内のフルーツを使ったデザートがあるフルーツパーラーも魅力のひとつ。
所在地／静岡県賀茂郡東伊豆町奈良本1253-10
電話／0557-23-1105

足を伸ばして

爪木崎

白亜の灯台と、青く澄んだ海、緑茂る丘陵が美しい、全国でも有数の景勝地。野水仙の群生地としても知られ、毎年12/20〜1/31まで水仙まつりが開催されています。

所在地／静岡県下田市須崎
電話／0558-22-1531（下田市観光協会）

灯台の足元からは、文句なしの絶景が！

河津七滝

天城峠から河津川にかかる7つの滝の総称。片道約1時間で巡ることが出来る遊歩道には、吊り橋や伊豆の踊り子像、滝のしぶきが当たる展望デッキがあります。

所在地／静岡県賀茂郡河津町梨本
電話／0558-32-0290（河津町観光協会）

沿線注目グルメ

あんバタわさこ

河津名産のわさびを練りこんだバターとあんこをパンにサンドした河津の新グルメ。わさびの辛さとあんこの甘味がマッチした評判の逸品です。

取扱店舗／キャッスル クブルス
所在地／静岡県賀茂郡河津町峰518-4
電話／080-1592-4436

©河津町商工会

湯どころいとうの朝市

毎週土日に伊東駅前で開催されており、地元でとれた野菜や果物、新鮮な海の幸が並んでいます。干物を買えばその場で焼いてくれたり、手作りお惣菜やお弁当もあるので、イートインスペースですぐに食べることができます。

©伊東市観光課

Event

黒船祭

黒船来航より開港につくした先人の偉業をたたえ、併せて世界平和と国際親善に寄与するために始まった下田市最大のイベント。厳かな記念式典だけでなく、さまざまなショーやコンサート、パレードで街が賑わい、夜には海上から大迫力の花火が上がります。

雛のつるし飾りまつり

つるし雛発祥の地として、稲取で例年1月下旬〜3月末に開催されています。稲取文化公園 雛の館などでつるし雛が展示されます。素盞嗚神社の本殿へ繋がる階段でも「雛段飾り」が行われ、雛人形を飾る段数は118段と日本一！

ミニ情報

●「サフィール」とは、宝石のサファイヤを意味するフランス語。サファイヤのように、青く輝く美しい伊豆の海と空をイメージして、上質・高級で優雅な旅を楽しんでもらいたいという願いから名づけられました。
●外装のカラーリングは伊豆の自然がモチーフ。海と空をイメージした紺碧の"伊豆アズール"を基調に、前面から屋根の"白浜ホワイト"は白い砂浜、側面の"城ケ崎グレー"は火山岩表現しています。

ココが凄い！

天窓で開放感を演出

全車に設置された天窓には、あえてカーテンを設けず、可視光透過率の小さいガラスを採用。眩しさを抑えながらも、明るく心地よい太陽光が車内を包みます。

写真提供:JR東日本

カフェテリア

4号車のカフェテリアでは、景色とともにミシュランシェフ監修のオリジナル料理を楽しめます。スマホ専用サイト「サフィールPay」での事前注文&決済がおすすめです。

写真提供:JR東日本

由布院のシンボル「由布岳」を背景に走る「或る列車」。　写真提供：JR九州

豪華！

或る列車

本気で作った観光列車、幻の豪華客車が復活！

　豪華クルーズトレイン「ななつ星」を生み出したＪＲ九州。これに続いて誕生した豪華列車が「或る列車」です。幻の豪華客車の復活とされており、その物語は古く明治時代に遡ります。

　１９０６（明治39）年、当時の九州鉄道は豪華客車として、アメリカのＪ・Ｇ・ブリル社より豪華客車を輸入しました。しかし、１９０７（明治40）年に九州鉄道が国有化されたことで、ブリル客車は活躍することなく幻に消えてしまいます。その姿を留めていたのが、鉄道模型愛好家の原信太郎氏。この豪華客車を模型に残していたのです。そしてこの模型を元に普通列車キハ47形気動車を改造し、原鉄道模型博物館副館長の原健人氏監修の下、水戸岡鋭治氏が車両のデザイン・設計を行いました。外装や内装に徹底的にこだわった結果、「ちょっとお金を使いすぎてしまった」と水戸岡氏が発言していることからも、その贅沢ぶりがわかります。

　「或る列車」とは当時の鉄道ファンが名づけた呼び名。１００年越しに蘇った列車に親しまれた名が付けられるとは、歴史のロマンを感じられます。また、「或る（ＡＲＵ）」には〝ＡＭＡＺＩＮＧ〟、〝ＲＯＹＡＬ〟、〝ＵＮＩＶＥＲＳＡＬ〟の意味を込めて頭文字が取られています。

玖珠川を渡る「或る列車」
久大本線の車窓風景は、季節ごとの素晴らしい景色が堪能できます。日田から豊後中村の区間は玖珠川に沿って走るため、渓流の絶景が楽しめます。

路線 ミニ情報
横浜市にある原鉄道模型博物館は、「原コレクション」の一部を展示しています。鉄道模型が走る世界最大級のジオラマは、鉄道ファンでなくても見ていて飽きることがありません。

明治時代の豪華客車は木造車体で、青もしくは黄緑色に塗られていたと伝えられていますが、正確にはわかっていません。また、原信太郎が製作した模型には塗装が施されておらず、素材のまま真鍮の色が残されていました。「或る列車」は模型に寄せたタイアップのため、金色を採用しています。金と黒の配色と全面にあしらわれた唐草模様からは、特別な列車であることが伝わってきます。

2両編成の車内もまた豪華な内装です。1号車と2号車の車内はそれぞれ異なったデザインですが、木の温もりを感じさせるもの。木造客車であったことを連想させてくれます。明るく優しいメープル材を使ったテーブル席のほか、ウォールナットの組子に囲まれた、個室型のコンパートメントも。高級感と共に鉄道の旅を楽しませてくれる空間を作り出しています。

車内で提供されるのは、九州の食材を主に使ったコース料理。東京・南青山のレストラン「NARISAWA」のオーナーシェフ成澤由浩氏の監修です。

「或る列車」は極上の食、時、おもてなしを味わう列車です。多くの人がいつか乗車したいという憧れを持つような、そして旅に求める非日常を提供し、時間を忘れてしまう列車です。そんな特別な旅に出てみてはいかがでしょうか。

DATA

運行開始／2015(平成27)年8月8日
車両／キロシ47形気動車
所有・運営／JR九州
起点／博多駅
終点／由布院駅
営業キロ／134.8km
運行地域／福岡県、大分県
運行線区／鹿児島本線、久大本線
軌間／1,067 mm
電化方式／非電化
最高速度／120km/h
運転時刻／博多駅10:58頃発→由布院駅14:08頃着
由布院駅15:00頃発→博多駅18:03頃着

【ドッキリ】登録者1万人記念に豪華列車でサプライズしてみた

相棒の「たなか」君が、登録者数8000人くらいのときに、サプライズで予約してくれた「或る列車」に満を持して乗車しました。

圧倒的な存在感を放って入場

ホームに入ってきたときの外観のインパクトが凄い。そして中に入ってさらに驚きます。

美味しすぎて食レポ忘れてます

美術館みたいな空間で、いただけるコース料理。記念日などの節目に乗るには最高。

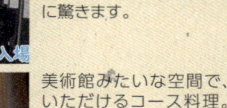

ココが凄い！

ラグジュアリーホテルのような豪華な車内

写真提供：JR九州

美しい内装と洗練されたデザイン、そしてゆったりとした個室に贅沢な食事や飲み物…。

贅を尽くした鉄道旅行を求める人にとって、夢のような車両です。

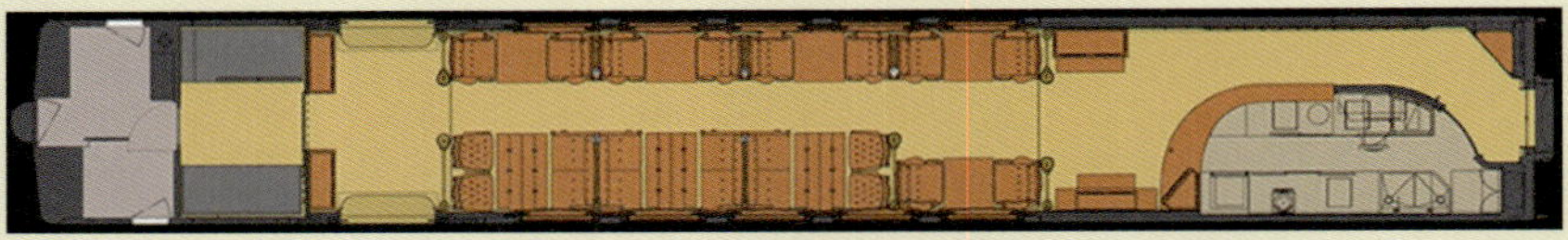

1号車

ロマンチックな雰囲気の1号車

1号車の通路

車内サービスの拠点「BAR ARU」

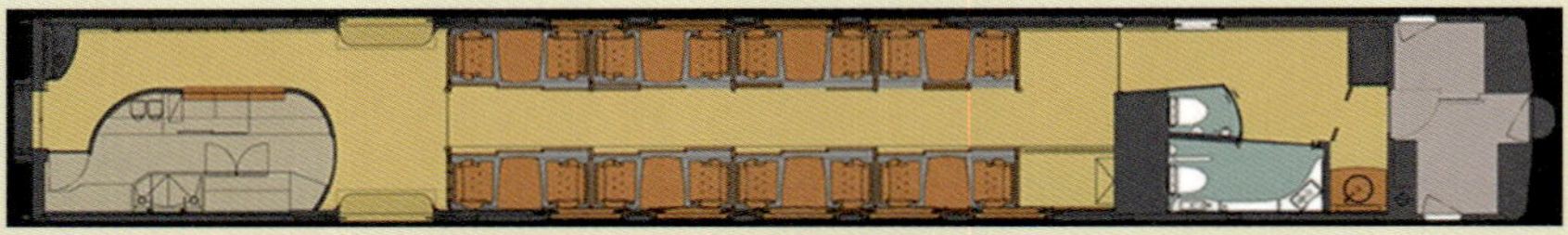

2号車

2号車の通路

拘りを感じる車内

コンパートメントタイプの客室

鉄道デザインの第一人者、水戸岡鋭治の設計・デザイン

黒とゴールドを基調に唐草模様をあしらった「或る列車」のデザインは、JR九州の「ななつ星」をデザインした水戸岡鋭治氏によるものです。

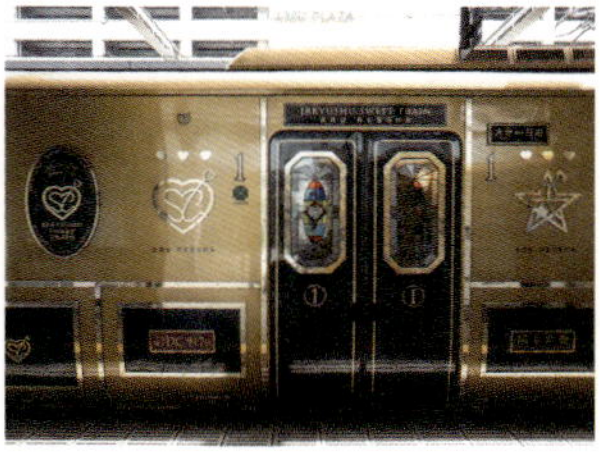

●煌びやかな外観

幻の客車「或る列車」の模型を元にした“ROYAL”なデザイン

●天井にはクローバーの装飾

四つ葉クローバーの装飾の中に三つ葉と七つ葉が隠されています

ミニ情報

●車内に原信太郎氏の鉄道模型を展示

●乗客には特別記念乗車証がプレゼントされます

美しい風景の中を駆け抜ける「或る列車」

「或る列車」の車窓には、美しい自然と歴史的な名所が広がります。途中下車はできませんが、博多も由布院も旅行者にとって魅力溢れる街です。

足を伸ばして

博多

名所は車内放送でお知らせしてくれます♪

由布院

博多

写真提供：福岡市

「のこのしまアイランドパーク」は福岡市沖の能古島にある自然公園。四季の花が美しい。

所在地／福岡県福岡市西区能古島
電話／092-881-2494

由布院

別府温泉は、東の熱海と並ぶ日本を代表する温泉地です。地獄めぐりが楽しい。

所在地／大分県別府市

博多周辺の見どころ

博多ポートタワー

地上70mの展望室から、博多の街や博多湾を一望できます。

所在地／福岡県福岡市博多区築港本町14-1
電話／092-291-0573

友泉亭公園

旧福岡藩主黒田家の別邸跡を整備した純日本式庭園の公園です。福岡市指定名勝。

所在地／福岡県福岡市城南区友泉亭1-46
電話／092-711-0415

写真提供：福岡市

マリンワールド海の中道

巨大なシロワニが泳ぐ24m×10m×7mの大パノラマ水槽が目玉の水族館です。

所在地／福岡県福岡市東区大字西戸崎18-28
電話／092-603-0400

由布院周辺の見どころ

城島高原パーク

別府市城島高原にある遊園地。1992年に導入された日本初の木製コースター「ジュピター」が有名。

所在地／大分県別府市城島高原123
電話／0977-22-1165

金鱗湖

由布院屈指の観光スポット。冬の早朝に朝霧のかかる風景は、由布院の代表的な景観です。

所在地／大分県由布市湯布院町川上1561-1

観光辻馬車

由布院のスポットをめぐる辻馬車は、1時間ほどでゆっくりと由布院の名所をめぐります（要予約）。

所在地／大分県由布市湯布院町川北8-5
（由布市ツーリストインフォメーションセンター）
電話／0977-84-2446

豪華！

京とれいん「雅洛」

車内に坪庭？ 京都の四季が楽しめる和モダン観光列車

コンセプトは「ご乗車されたときから京都気分」。　写真提供：阪急電鉄

私鉄大国と呼ばれる関西には、個性的な列車が多数走っています。特に神戸～大阪～京都区間は関西の中でも人の流れが多く、移動のスピードで選ぶならばＪＲに軍配が上がります。しかし、それに並行するように多数の競合路線が走っており、それぞれ他に負けないような個性を生かした経営戦略を練っているのです。その結果、運賃を１円でも安くしたり、あるいは居住性を高めたりとさまざまな個性的な鉄道が生まれ、活躍しているわけなのです。

そんな中でも異彩を放つ関西私鉄の観光列車をご紹介しましょう。それが阪急電鉄の「京とれいん雅洛」です。

大阪梅田～京都河原町を結ぶ土休日限定の快速特急で、阪急京都線の最優等種別として運行されているこの列車、外観は阪急電鉄伝統のマルーン色を基調にしながらも、金や銀の華やかな装飾を纏ったデザインで目を引きます。

そして車内に入るとこれが凄い！「に、庭があるじゃないか!?」何と２号車には枯山水の庭が、そして５号車に

写真提供：阪急電鉄

和モダンな雰囲気の車内

1人用座席や2人用・4人用のボックスシート、窓向きのカウンター席など、車両ごとに多彩な座席が用意されています。

路線ミニ情報　阪急京都線では専用の幅の広い車体が走っていますが、「京とれいん雅洛」はオールマイティーな運用ができるよう、神戸線・宝塚線も走れる車体幅の7000系を使用しています。

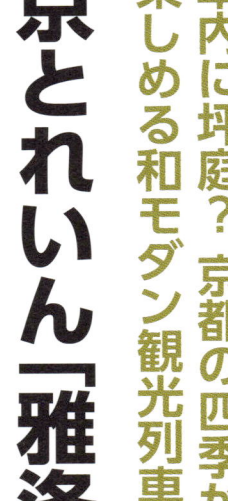

は京町屋の坪庭が設置されているのです。〝私の家にすら〟ないお庭が列車の中にある、日本中にはさまざまな観光列車が走っていますが、こんな列車は「京とれいん雅洛」だけです。まるで町屋に飛び込んだかのような空間で、車内とは思えない非日常の体験を味わうことができます。このほか、全6号車ある各車両には、異なる外観と車内デザインが施されており、どの車両に乗っても京都の雰囲気が感じられるようになっています。予約不要、指定席ではないので、目的地に到着するまでさまざまな車両を自由に移動することも可能です。大阪梅田から京都河原町まで向かう場合だと、もはや京都河原町到着前に車内で京都観光が完結するくらいの満足感が得られそうですよね。

ただ驚くのはまだ早いのです。この列車、圧倒的な内装に加えて京都線内で最少の停車駅を誇っていながら特別料金が不要！ 普通運賃のみで乗車することができてしまいます。大阪梅田から京都河原町までの運賃は４００円ですから、乗車券だけでできる体験としてこれ以上のものはないかもしれません。

外国人観光客にも対応しており、日本語に加えて英語・中国語・韓国語の自動放送が流れるほか、無線ＬＡＮサービスまで行われているという充実ぶりです。

また、この京とれいん雅洛とともに、特別な内装を備えた「京とれいん」という観光列車が存在しましたが、２０２２年12月に惜しまれながらも引退。かつては両列車合計で1日7往復ありましたが、現在は京とれいん雅洛のみ1日4往復しています。

日頃から関西に住んでいる私でも観光気分に浸れる列車ですので、関西旅行をされる方はもちろん、関西在住の方も日帰り旅行におすすめです。

DATA

運行開始／2019(平成31)年3月23日
車両／7000系(6両編成)
所有・運用／阪急電鉄
起点／大阪梅田駅
終点／京都河原町駅
営業キロ／47.7 km
運行地域／大阪、京都
運行線区／阪急京都線
軌間／1,435 mm
電化方式／直流1,500 V
最高速度／110km/h
所要時間／上り43分、下り44分

写真提供：阪急電鉄

元々は3ドアの車体でしたが、中央のドアを溶接で埋めて丸窓が備えられました。丸窓の外装には大きな扇がデザインされ、各車両の季節テーマに沿った絵柄が施されています。

京とれいん雅洛沿線の見どころ

阪急京都線の主要駅に停車するため、どこで降りても観光スポットは盛りだくさん。オシャレな大都会や下町情緒ある街、風情ある和の街並みなど、それぞれの個性が光ります。鉄道・映画・マンガ好きにはたまらない、これまた個性的スポットにも注目です。

大阪梅田 ⑤ / 十三 / 淡路 / 相川 ④ / 桂 ① / 烏丸 ② / 京都河原町 ③

❶桂離宮

“日本庭園の最高傑作”と言われる、江戸時代に作庭された京都を代表する皇族庭園で、国内外から多くの方が訪れます。参観は要予約。

所在地／京都府京都市西京区桂御園
電話／075-211-1215
（宮内庁京都事務所参観係）

沿線注目グルメ

❸都野菜 賀茂 烏丸店

京都で生産された無農薬・減農薬・有機栽培の野菜を「都野菜」と名付け、朝採りの新鮮な都野菜を使った料理をビュッフェ形式で楽しめます。

所在地／京都市下京区東洞院通綾小路下る扇酒屋町276
電話／075-351-2732

❷京都国際マンガミュージアム

30万冊のマンガ資料を所蔵し、うち約5万冊ものマンガを自由に読めるほか、展示や体験コーナーなどを通して、より深くマンガを楽しむことができます。

所在地／京都府京都市中京区金吹町452
電話／075-254-7414

❹アサヒビールミュージアム

“記憶に残る最高の一杯に出会える場所”をコンセプトにしたアサヒビールの体験型ミュージアム。ツアー参加費は20歳以上1,000円

所在地／大阪府吹田市西の庄町1-45
電話／06-6388-1943

撮影スポット

西向日駅ホーム脇の桜並木が秋には赤く染まり、「阪急マルーン」と呼ばれる小豆色の車体と紅葉の組み合わせで、より雅な雰囲気を醸します。

写真提供：阪急電鉄

EVENT

なにわ淀川花火大会

1989(平成元)年に市民ボランティアによる手づくりの花火大会としてスタート。今や大阪の夏の風物詩として、最大級の規模と人気を誇っています。

会場／大阪府大阪市淀川区新北野3丁目付近
（淀川河川敷）

❺梅田スカイビル

「スリルに満ちた高層ビル」として「世界の建築トップ20」に選出された建築美をはじめ、夏に蛍が飛び交う森、昭和レトロな食堂街、最上階の空中庭園など、見どころ満載！

所在地／大阪府大阪市北区大淀中1-1-88
電話／06-6440-3899

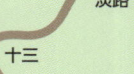

足を伸ばして

渡月橋

桜、紅葉の名所として知られる嵐山の観光名所。月が渡るさまに似ているところから亀山天皇が渡月橋と命名したと伝わります。8月の灯篭流しや、11月のもみじ祭などの行事の中心地となっています。

所在地／京都市右京区嵯峨中ノ島町

竹林の小径

野宮神社から大河内山荘へ抜ける約400mの道。10mは越える丈の竹林が道の両脇に続き、木漏れ日や笹の擦れ合う音など、京都らしい風情を感じる観光スポットです。12月中旬には夜間にライトアップも行われます。

所在地／京都市右京区嵯峨天龍寺芒ノ馬場町

嵯峨野トロッコ列車

保津川渓谷の大自然の中を走る観光列車。トロッコ嵯峨駅からトロッコ亀岡駅までの7.3kmを約25分で結び、春は桜、夏は新緑と川のせせらぎ、秋は紅葉、冬は雪景色と、四季折々の景観を満喫できます。

電話／075-861-7444
（嵯峨野観光鉄道テレフォンサービス）

ミニ情報

写真提供：阪急電鉄

●客室への入口にかけられているのれんは丹後ちりめんを使用しており、車両テーマに合った柄の入った京扇子を飾るなど、素材も京都にこだわっています。

写真提供：阪急電鉄

●2号車と5号車にある庭スペースは、客室より照明を暗めにし、スポットライトで照らすことで雰囲気を高めています。

ココが凄い！

車両ごとに京都の四季が楽しめる！

季節と植物のテーマを設けたデザインで、どの車両に乗っても京都の雰囲気を味わえます。

1号車　秋／楓

「流水に楓」の図柄を用いて、秋の京都を表現

2号車　冬／竹

雪見障子と枯山水が配された風流な空間

3号車　春／桜

円窓やシートに桜模様が散りばられています

4号車　夏／葵

丸窓にあしらわれた杜若が涼しげです

5号車　初秋／芒

車両中央には京町屋の坪庭があります

6号車　早春／梅

新春の京都を感じさせる煌びやかな車両

写真提供：阪急電鉄

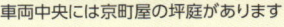

西園寺チャンネル

Railway Column ❷

豪華!

Youtubeにアップしている動画から、ある意味“豪華”な列車をご紹介します。

Chapter 1

【7日目】たった“530円”で乗れる豪華観光列車で秋田県を縦断!【100万円で日本一周の旅】

ここは青森県。予算内で東北をめぐります。弘前駅から秋田方面に抜けるために選んだのは、最短ルートではなく、リラックスしながら海岸線の景色を楽しめる「リゾートしらかみ」です。

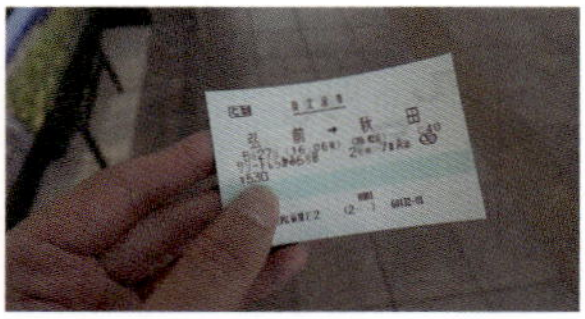

ボックス席が取れました。他の乗客がおらず貸切のようです。それで4時間40分乗車し続けられて530円は安い!

ホームで待っていたのはリゾートしらかみ「くまげら」編成。このほか橅・青池と、全3編成存在します。

席には僕の家の窓よりも大きな窓があり、岩木山やリンゴ棚、日本海など移り変わる景色が楽しめます。

ボックス席の背もたれを倒すとフラットになり、さながら昼に走る寝台列車です。足を伸ばしてくつろげます。

千畳敷を通るときは減速して見せてくれました。時間帯によっては降り立って観光できる編成もあります。

景色を楽しんでいたらあっという間に秋田に到着。青春18きっぷも利用できて、かなりお得な観光列車です。

Chapter 2

東京→大阪を誰も使わない“超豪華”ルートで移動してみた!

東京-大阪の移動は、東海道新幹線のぞみ号が定番。それよりも高いグレードの座席や、違った景色を楽しめる、金沢経由のルートを通ってゴージャスな旅をしていきたいと思います。

最初に乗るのは、北陸新幹線かがやき号。この先、上野すら飛ばし、大宮、長野、富山、金沢のみ停車します。

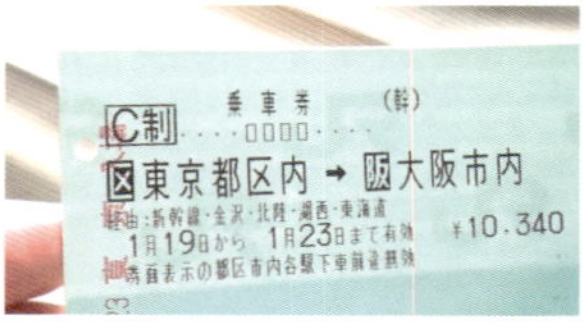

東京-金沢経由-大阪という1枚の切符を発券。有効期限の4日後までは途中下車して観光も可能です。

奮発してグランクラスを予約。快適な空間で、通常の東京-大阪間移動では見られない北アルプスを眺めます。

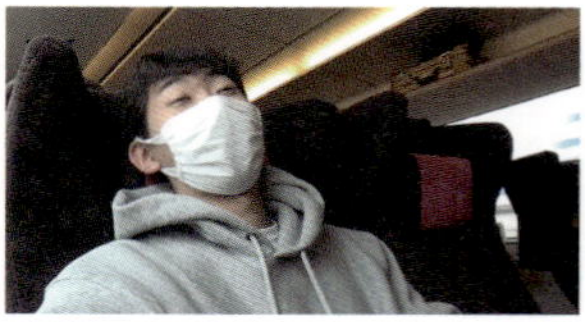

金沢でサンダーバード号に乗り換え。日本最速の在来線特急です。ここでも奮発してグリーン車を取りました。

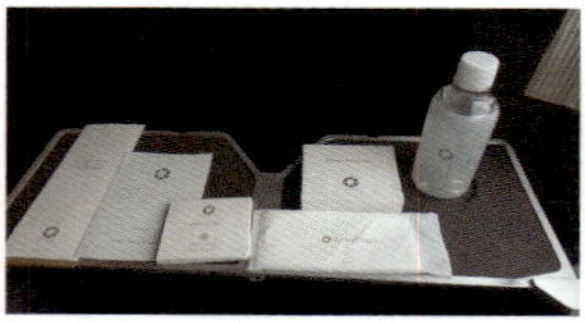

元々快適ですが、さらにグランクラスでもらってきた物を並べれば、ここはもう実質グランクラスです。

終盤は琵琶湖の横を疾走し、5時間40分で大阪に到着。旅行オタクからしたら時間がかかるほどいいんです。

Japan's amazing railways

第3章

技術!

浜松〜豊橋間にある、第3浜名橋梁を走る新幹線。 写真提供：JR東海

技術！

世界一の定時性を持つ高速路線

東海道新幹線

世界初の高速鉄道、東海道新幹線。東京~大阪間という日本の2大都市を結ぶこの路線は、この国の経済を支える大動脈です。1日あたりの輸送人員約47・7万人（2018年度）に加えて、1兆円に近い年間収入は世界でも稀に見る突出した輸送サービスであり、文字通り世界最強の鉄道路線といえるでしょう。

何より東海道新幹線を支えるのが、圧倒的な定時性と安全性です。最高時速285㎞で走るのぞみ号が1時間あたり最大12本という本数で設定されるなか、そのすべてが東京~新大阪を2時間30分以内に走り抜く、もはや〝神業〟ともいうべき運行がなされています。平均遅延時分は衝撃の1.1分（2022年度）！この数値は自然災害などの遅延も含んだものになりますので、実質ほぼ遅れがないといいってもいいでしょう。

そんな東海道新幹線にも、難所と呼ばれる区間が存在します。それが滋賀県と岐阜県の県境に位置する、米原・関ケ原地区です。そう、長年にわたる難敵「雪」です。日本屈指の豪雪地帯である関ケ原一帯には、毎年冬になると北国顔負けの積雪があり、高速で走行する列車を阻みます。大雪の際はさすがの東海道新幹線もスピードを落とした走行を余儀なく

世界初の高速鉄道車両、新幹線0系

昭和39年の東京五輪にあわせて開業した東海道新幹線。初代の新幹線電車はのちに「0系」と呼ばれ、世界で初めて営業速度200km/hを超える鉄道として注目されました。

路線ミニ情報

揺れの低減や全席コンセントなど、快適性にこだわって開発された最新車両「N700S」。2026年度までに59編成となり、JR東海の新幹線車両の約4割がN700Sに置き換わる予定です。

されますが、ほとんどの場合で運行がストップすることはありません。在来線がストップしても当たり前のように運行されるその裏側には、沢山の工夫が隠されているのです。

まず線路に降り積もった雪は、ラッセル車やロータリーブラシ車によって枕木付近まで除雪されます。その上で、米原・関ケ原地区には約70kmにわたってスプリンクラーが設置されています。米原駅のホームにも設置されており、積雪時には稼働している光景を見ることができますが、これが凄い！ ただ水をまき散らしている訳ではありません。「エゼクタノズル・スプリンクラー」という特殊なノズルが用いられたもので、通常のノズルより空気を多く含むことで水の粒が小さくなり、列車風による雪の舞い上がりを抑えることができます。そもそも大雪時に減速する一番の理由は、レール付近の雪が走行風による舞い上がりによって付着して塊となって落下し、バラストを跳ね上げることで車両や地上設備を破損させることを防ぐため。実は東海道新幹線を走るN700系に搭載された車上カメラや、線路に設置された地上カメラとも連動して、主要駅で待機する「雪落とし作業員」による高圧洗浄機を用いた着雪除去も、停車中に人知れず行われています。

また、関ケ原地区のすぐ近くに位置する岐阜県・岐阜羽島駅は、東海道新幹線の駅の中で利用客数は多くはないのですが、その一方で途中駅としては規模の大きい2面4線に加え、上下の通過線2線を含む、一見不思議な構造をしています。大雪時にはここを列車の退避や折り返しに使う場合もあり、車両や線路のみならず、〝路線〟として意地でも列車をストップさせないという、確固たる意思を感じることができます。

新幹線に乗車される際には、華やかなスピードはもちろん、それを支える徹底された安全システムに注目してみると、さらに日本の公共交通が好きになること間違いなしです。

技術！

DATA

開業／1964(昭和39)年10月1日
所有・運営／東海旅客鉄道
起点／東京駅
終点／新大阪駅
駅数／17駅
路線距離／515.4km
営業キロ／552.6km
運行地域／東京、神奈川、静岡、愛知、岐阜、滋賀、京都、大阪
軌間／1,435mm
線路数／複線
電化方式／交流25,000V・60Hz
最高速度／285km/h

ココが凄い！

驚異の運行数! 1日330本以上

運行間隔は平均5分と通勤電車並みの頻度。これは、走行性能の向上、地上設備の改良や車内清掃・整備の最適化などを積み重ねて実現したもので、今後の進化にも注目です。

影の立役者・こだま号

各駅停車のこだまは、線路上で後続車に追いつかれないよう、駅を出発するやいなや鬼の加速とのぞみと同等のスピードで爆走。のぞみやひかりの円滑な運行を支えています。

東海道新幹線沿線の見どころ

東京から大阪まで、8都府県を走る東海道新幹線。都市部のビル群を抜けて、煌めく海や湖、新緑の季節の茶畑、そして富士山など、車窓の景色は次々と移っていきます。各都府県ならではの風景や歴史、ご当地グルメを楽しめる、途中下車の楽しい路線です。

撮影スポット

富士山と新幹線が撮影できるポイントは、三島〜新富士間にある東部市民プラザ周辺が有名。4月には新幹線の手前にピンクのれんげが咲き誇る姿を収めることができます。

❶小田原城

戦国大名・北条氏の居城として知られる日本100名城のひとつ。城内には甲冑や刀剣など、歴史を伝える資料が数多く展示されています。

所在地／神奈川県小田原市城内
電話／0465-22-3818

❷三島スカイウォーク

伊豆と箱根の中間にある日本最長400mの人道吊橋。富士山や駿河湾の絶景を眺望でき、橋を渡った先には森の散策路やアスレチック、レストランもあります。

所在地／静岡県三島市笹原新田313　電話／055-972-0084

西 saionji YouTuber

【最強】大雪でも止まらない！東海道新幹線を大寒波が襲うとこうなります

2022年の暮れの京都駅。滋賀県を中心に近畿日本海側を襲った記録的大寒波で在来線が終日運休の中、新幹線は遅れながらも動いています。

減速しながら米原駅を通過するのぞみ。車体側面のディスプレイは一定のスピードになると消える仕様なので、通過列車では普段は絶対に見られません。

⑤青岸寺

苔で水の流れを表現した全国的にも珍しい枯山水庭園があり、国の名勝に指定されています。雨が続く時期や雪どけの時期には池ができ、水底に沈んだ苔が幻想的な姿に。

所在地／滋賀県米原市米原669
電話／0749-52-0463

④千代保稲荷神社

日本三大稲荷のひとつで、「おちょぼさん」の愛称で親しまれています。お賽銭の代わりに入口で買えるローソクと油揚げを奉納するのが、ここでの作法です。

所在地／岐阜県海津市平田町三郷1980
電話／0584-66-2613

⑥東山山頂公園

京都を代表する夜景鑑賞地。西京区付近の山々を背景に、京都市街の明かりがくっきりと浮かびあがります。

所在地／京都府京都市粟田口高台寺山町
電話／075-643-5405

③安城産業文化公園 デンパーク

ヨーロッパ風のお花畑が広がる、自然豊かなデンマークの町並みを再現した公園。国内最大級の木製遊具や、雨でも楽しめる室内遊び場など、子どもが喜ぶエリアも。

所在地／愛知県安城市赤松町梶1　電話／0566-92-7111

ミニ情報

写真提供：JR東海

- のぞみ7号車はビジネスパーソン向けの「S Work車両」に指定されており、客室内で通話やWeb会議もOK。従来の約2倍の通信容量があるWi-Fiが使用できます。
- JR東海グループは、引退した新幹線から再生アルミを製造・販売しており、東京駅の「東京ギフトパレット」や、名古屋駅の「ザボディショップ」などで利用されています。

沿線注目グルメ

金シャチ横丁

名古屋城の大型飲食施設。東門前の「宗春ゾーン」は"革新"をテーマとした新進気鋭の飲食店が並び、正門前の「義直ゾーン」は"伝統"をテーマに名古屋めしが集結しています。

所在地／愛知県名古屋市中区三の丸1丁目2番3～5号/二の丸1番2・3号
電話／052-951-0788

裏なんば虎目横丁

お好み焼きや串カツなど、大阪グルメはもちろん、イタリアンや韓国料理店などバラエティ豊富。横丁内の出前制度や、おみくじなど、面白い仕掛けもたくさん!

所在地／大阪府大阪市中央区千日前2-3-15
電話／06-6636-4510

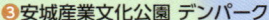

複雑に平面交差する線路を熟練の技術が支えています。　写真提供：近畿日本鉄道

技術！

大量のポイントを有する近鉄の一大ジャンクション

大和西大寺駅

奈良市にある近鉄の大和西大寺駅は、関西有数の大ジャンクションとして有名です。近鉄の奈良線・京都線・橿原線がXの文字のように交差して乗り入れており、大阪難波、京都、近鉄奈良、橿原神宮前方面への列車が集結するこの駅では、ひっきりなしに列車が発着しています。

何といっても驚くのが大量に設置されたポイント！　日本屈指の平面交差になっているこの駅ではいくつもの線路が同じフロアで複雑に絡み合うため、41基ものポイントが存在するのです。あまりにも複雑ですので、列車がどこに進んでいくのか見当がつかず、あみだくじをしているような気分になります。目を奪われるような光景に、初めて訪れた方は衝撃を受けるはずです。

ただでさえ複雑な構造をしている上に、大量の列車が発着しますので、ラッシュ時には列車の渋滞が発生することもしばしば。出発する列車の後ろにはすでに次の列車が待機しており、鬼ごっこのような形で次の列車が入線してくる光景を目にすることができます。

イリュージョンのような運行が続けられている大和西大寺駅ですが、列車

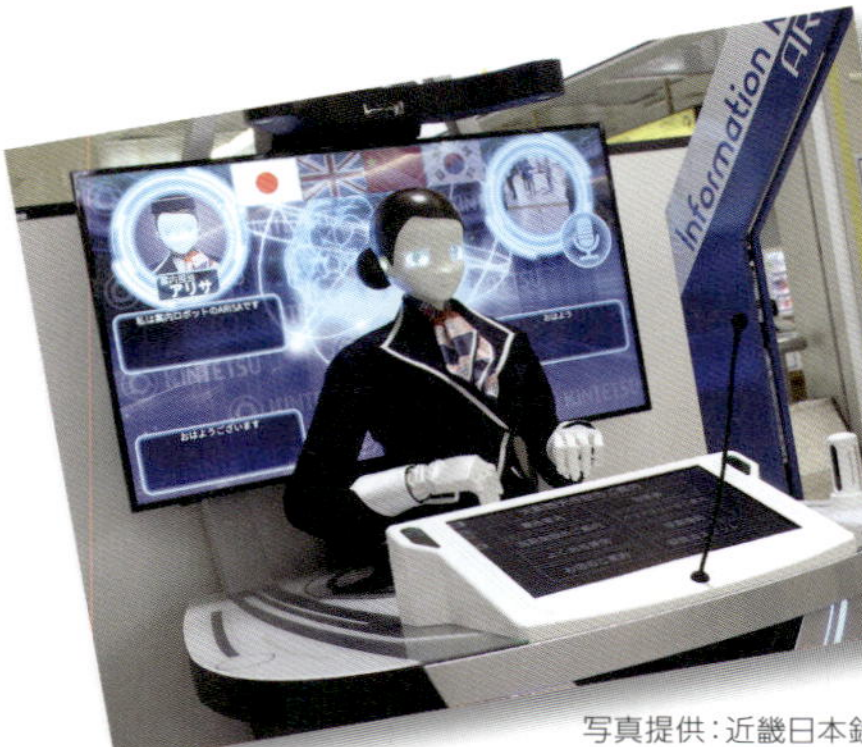

写真提供：近畿日本鉄道

「近未来ステーション」を目指し、近鉄で初めてAI案内ロボや大型マルチディスプレイが導入されました。

路線ミニ情報

観光特急「しまかぜ」を含む全ての列車が停車する駅で、近くには近鉄の車両基地もあり、近鉄ファンなら見逃せない駅です。

が安全かつ正確に運行されている裏側には、「信号係」の職員さんの存在があります。基本的に信号やポイントはコンピューターによって管理・制御されていますが、発着が重なる場合や遅れが発生した場合には分岐の数が数ですから、臨機応変に対応するのは至難の業。そんな中で、信号係員さんが手動で列車の発着を調整しているのです。2人の係員さんがおられ、阿吽の呼吸によって操作することで、乗り換え連絡がスムーズで、遅延もできるだけしないような運行が可能になっているというわけです。このような操作は1日に約800回行われているそう！ まさに熟練の技といえるでしょう。

駅の構内には展望デッキがあり、大ジャンクションに入る列車達を上から見下ろすことができるようになっています。また飲食店等も多数ありますのでついつい長居してしまうこと間違いなし！ 関西観光の際はぜひ訪れてみてはいかがでしょうか？

DATA

所在地／奈良県奈良市西大寺国見町1-1-1
開業／1914(大正3)年4月30日
所有／近畿日本鉄道
駅構造／地上駅(橋上駅)
ホーム／3面5線
乗降客数／42,850人/日(2022年)
所属路線／奈良線、京都線、橿原線
改札／2か所(中央改札口、南改札口)

ココが凄い！

行き先の振れ幅が凄い!

奈良・京都・大阪はもちろん、名古屋や伊勢志摩などへ繋がっています。ひとつのホームで全く異なる行き先の列車が乗り入れするので、誤乗車に注意!

複雑な分岐の、複雑な経緯

1914年に駅が開業しましたが、その後の調査で平城京がもっと広いことが判明。景観保全のため、駅の拡大や立体交差の工事がなかなかできないまま現在に至ります。

【超過密】関西一の大ジャンクションに密着! 怒涛のタラッシュが凄すぎるwww

西 saionji YouTuber

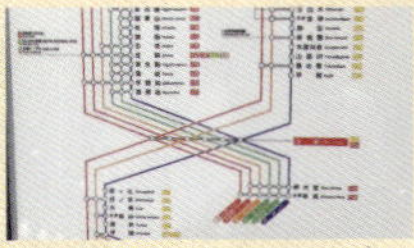

路線図を見ると、明らかに重要な駅ということがよくわかります。さまざまな路線がXの字の交わっている主要なジャンクション駅になっています。

注目はこの分岐の数。僕は鉄道模型でふたつのポイントですら脱線させかけたのに、おびただしい数の分岐器を駆使して、正確かつ安全に運行しているのは信じられないことです。

大和西大寺駅周辺の見どころ

駅名の由来となった奈良時代創建のお寺・西大寺をはじめ、歴史ある寺社仏閣に囲まれている大和西大寺駅。世界遺産に認定された平城宮跡もほど近くにあり、古都の雰囲気に調和した景色と、ひときわ優れた日本建築や日本美術の数々を鑑賞することができます。

❶秋篠寺

日本で唯一「伎芸天」という仏像が祀られており、諸技諸芸の守護神として多くの芸術家や芸能人らに慕われています。苔庭の緑や、秋の紅葉も必見です。

所在地／奈良県奈良市秋篠町757
電話／0742-45-4600

平城

内部の見学もできます♪

❸西大寺

大仏が有名な東大寺の対として建立された、歴史あるお寺です。毎年6月下旬～8月上旬には100鉢の蓮が咲き、浄土さながらの光景を見ることができます。

所在地／奈良県奈良市西大寺芝町1-1-5
電話／0742-45-4700

大和西大寺

❷第一次太極殿

天皇の即位式など、国の重要な儀式のために使われていた、平城京最大の宮殿。奈良時代の建築手法に限りなく近い様式で復元されており、草原の中に荘厳な姿で佇んでいます。

所在地／奈良県奈良市佐紀町710-1
電話／0742-32-5106
（文化庁 平城宮跡管理事務所）

❹喜光寺

こちらも蓮の寺として有名で、シーズンには250鉢もの蓮が境内を彩ります。菅原道真の誕生の地といわれることから、学業成就・合格祈願の寺としても信仰を集めています。

所在地／奈良県奈良市菅原町508
電話／0742-45-4630

❺朱雀門

平城宮の正門として機能していました。門前の「朱雀門ひろば」には、レストランや休憩所、土産処、平安京の歴史に触れる展示館のほか、芝生広場などの屋外スペースがあります。

所在地／奈良県奈良市二条大路南4-6-1
電話／0742-32-5106（文化庁 平城宮跡管理事務所）

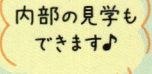

エキナカ注目スポット

Time's Place 西大寺

駅改札内のショッピングモールです。飲食店はもちろん、奈良のお土産や日用品を購入できるお店など多彩なラインナップ。眺望ダイニングスペース「VIEW TERRACE」では、美味しいフードやドリンクを味わいながら、行き交う列車を眺めることができ、展望デッキが直結しています。

撮影スポット

ホームの東端に立つと、近鉄奈良線や近鉄橿原線を走る列車や、車庫から出てきたばかりの列車が次々と現れ、ポイントをくねくねと移動する大迫力の姿を見ることができます。

※ホーム端は危険です。黄色の線まで下がってお楽しみください。

沿線注目グルメ

横田福栄堂

奈良の食文化の1つ"五徳味噌"を生地に練りこんだ"みそせんべい"を筆頭に、奈良名産の吉野葛を用いたくず餅など、郷土の食文化を伝承する老舗の和菓子店です。

所在地／奈良県奈良市二条町1-3-17
電話／0742-33-0418

足を伸ばして

奈良公園

660haの広大な敷地内に、奈良時代の歴史的名所である東大寺や春日大社などがある観光スポット。豊かな自然美と、そこに生息する鹿が群れ遊ぶ、風情あふれる景色も楽しめます。

所在地／奈良県奈良市春日野町ほか
電話／0742-22-0375（奈良公園事務所）

ミニ情報

●2023年4月28日、南口駅前に「Coconimo SAIDAIJI」がオープン。飲食店やサービス施設を展開するほか、中央には芝生広場が設けられており、人と街と緑が交わる地域の交流拠点です。

●「開かずの踏切」解消のため、2021年に駅の高架化と、線路の地下移設計画について関係者が国へ踏切道改良計画を提出。2023年6月に高架化だけを行う新案と比較検討して再検討となりました。

Sightseeing

太極殿が映り込む隠れスポット

佐紀池

平城宮跡の北側、第一次太極殿のそばにあり、天気がよければ若草山や春日山も池に映り込みます。明治17年に作られた池ですが、奈良時代もここが池だったと発掘調査で判明しました。

技術！

3000形の車両は、E6系のデザインで知られる奥山清行氏の監修。　写真提供：神戸新交通

技術！

突然ガラスが曇る！近未来すぎる列車

神戸新交通 六甲ライナー

日本には「新交通システム」という、従来の交通機関とは異なる特性を持つ交通手段が数多く存在します。都心を走る「ゆりかもめ」や、将来開業予定の「リニア中央新幹線」などが有名で、どれも個性的かつ未来を感じさせる交通システムです。

そんな中で、兵庫県の住吉から人工島である六甲アイランドまでを結ぶ「神戸新交通六甲アイランド線（六甲ライナー）」では、走行中に世にも奇妙な光景を目にすることができます。ＡＧＴ（自動案内軌条旅客輸送システム）による自動運転もそうですが、もうひとつ近未来的で驚くべきことがあります。

六甲アイランドに渡る列車は、六甲大橋という全長約４００ｍの二階建ての橋を通ることになり、列車は住吉を出発すると約１０ｍの高さを走行していきます。ここで窓の外に異変が起こります。何と突然〝景色が消える〟のです。信じられないかもしれませんが、ほんの数秒前まで見えていた外の景色がまったく見えなくなってしまいます。突然のことに驚いていると、何事もなかったかのようにまた景色が現れます。まさに車内にいながらマジックショーを見ている気分。

大阪湾をわたる六甲大橋は、六甲ライナーと道路の併用。赤い橋脚が印象的で1977（昭和52）年に開通しました。

路線ミニ情報　六甲ライナーを運営している神戸新交通（株）は、神戸港内の人工島・ポートアイランドと神戸空港を結ぶポートライナーも運営。複数の新交通システムを運営しているのは、日本で唯一です。

これは私が疲れていたわけではなく、また魔法がかかっていたわけでもありません。どの列車に乗ってもこの現象は必ず起こるように〝意図的に〟景色が見えなくなるよう設計されているのです。

六甲ライナーの側面に使われるガラスをよく見てみると、「瞬間くもりガラス」と書いてあるのがわかります。この列車には、2枚のガラスの間に液晶シートが挟み込まれた特殊な合わせガラスが使われています。液晶シートの中には特殊ポリマーが封入されていることで、電圧の制御によって瞬間的にガラスを曇らせることができるという仕組みです。六甲ライナーは高架構造であり、橋を渡る前後では近くに存在するマンションや民家の室内が見えてしまうような箇所を走行します。そのため、住民のプライバシー保護のために、当該区間においてのみ景色を隠すことができるように、この魔法のガラスが搭載されているのです。

何より、大阪湾の上を走行するこの路線は非常に景色がよいですから、特色である絶景をしっかりと楽しむことができて、かつプライバシーにも配慮するという、乗客と住民どちらにも配慮した設計こそ、まさに「新交通システム」にふさわしい気遣いであるといえるでしょう。

ココが凄い！

一瞬で曇る!

動画をスローで再生してもわからないほど"一瞬"のできごとです。

▼

写真提供：神戸新交通

DATA

開業／1990(平成2)年2月21日
所有・運用／神戸新交通
起点／住吉駅
終点／マリンパーク駅
駅数／6駅
営業キロ／4.5 km
運行地域／兵庫
線路数／複線
電化方式／三相交流 600 V
最高速度／62.5km/h
所要時間／約10分
(住吉駅〜マリンパーク駅)

【何コレ!?】突然景色が見えなくなる謎列車に乗ってみた

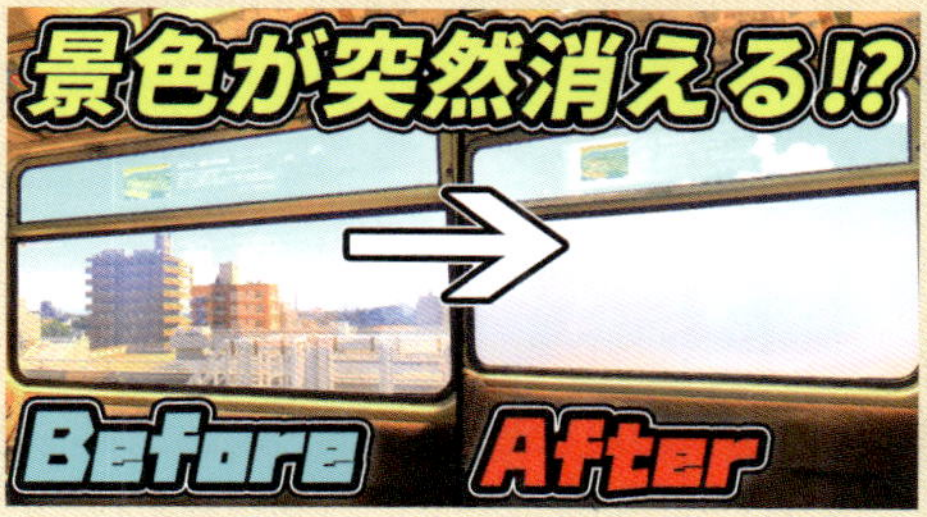

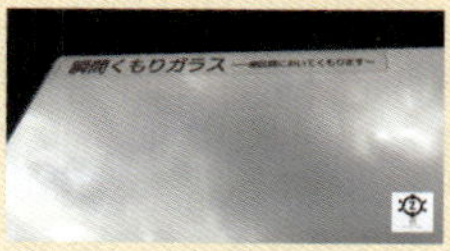

「一部区間においてくもります」と書かれた瞬間くもりガラス。住宅が近づくと、突然外が見えなくなるという動きが何回か繰り返されます。

六甲ライナーは原則として自動運転なので、前面展望が素晴らしい。晴れた日には、気持ちの良い空中散歩が楽しめます。

全国で1編成のみ。ドクターイエローより遭遇率は低い。　写真提供：JR西日本

技術！

屋根上に大量のカメラを搭載 最強の検測車両

DEC（でっく）741

　列車が安全に走行するためには、線路や架線、電気設備が安全に整備されていることが必要不可欠です。営業列車に加えて、人知れず、設備に破損や不備がないかを検測する「試験車」も活躍しています。そんな中、衝撃の外見を誇る〝日本一奇抜な試験車〟をご紹介したいと思います。

　それが２０２１（令和３）年に製造されたＪＲ西日本のとても新しい総合検測車、「ＤＥＣ７４１形」。一見、よく見られるような形、カラーリングの試験車に見えるのですが、上からみると度肝を抜かれます。屋根に搭載されているのが大量のカメラ！　どんなセキュリティ厳重な家よりも多い数のカメラが、たった1両の屋根に集中しています。その数なんと50台！　１つくらいダミーのカメラが紛れているのではないかとも思ってしまいますが、もちろんそんなことはありません。

　２両編成のＤＥＣ７４１形は、電気設備や線路設備などを走行しながら検査するという役割を担っており、この車両にある50台のカメラは「電気設備撮像装置」と呼ばれ、昼夜を問わず屋根上と側方に存在する電柱や信号機などを撮影し、データを収集します。５０台

車体色は青と黄色。旧国鉄時代からの事業用車両に使われていたカラー。街と駅のホームと電車がデザインされています。

路線ミニ情報

JR西日本管内のほか、JR四国、JR九州やIRいしかわ鉄道、あいの風とやま鉄道、えちごトキめき鉄道、肥薩おれんじ鉄道、WILLER TRAINSなどの第三セクター鉄道でも運用されます。

ものカメラを搭載することで、死角をなくし、より正確なデータが得られるというわけです。間違ってもダミーは１台も存在しません。

また、もう一方の車両にもカメラが４台搭載されています。こちらは架線や架線回りが対象の「電気設備測定装置」になっており、計54台のカメラで取得できる設備データは約１００種類にも及ぶそう。これらのデータは地上に送信され、ＡＩによって解析されます。このシステムも併せて新規開発されました。

この奇抜すぎる列車を導入した一番の目的は「検査の車上化」にあります。線路内で人の目によって行われている検査を、走行中の列車で行えるようにすることで、労災のリスクも減らしつつ、生産性の向上も図ることができます。現在は試験運用段階で、将来的には床下にも「線路設備診断システム」を搭載し、２０２５年度からの実用化を目指すとのこと。旅客列車がより速いスピードで、快適に進化するなかで、試験車両もそれに合わせるように時代に合わせた進化が進んでいます。

DATA

運行開始／2021(令和3)年11月1日(試験運用)
車両／DEC741形気動車
所有・運用／JR西日本
製造／近畿車輌
構造／ディーゼルハイブリッド式
軌間／1,067mm

ココが凄い！

広範なデータ取得

地上検査を車上化することを目的に、屋根と側面には50台ものカメラを搭載。約100種の設備を広範囲に撮影できます。

AIが自動判定

国内で初めて、「AI画像解析装置」を車両に搭載。これにより、検査対象の設備を抽出し、良否の判定を行えるため、車上から地上検査が実現できます。

西 saionji YouTuber

【新型車両】屋根に大量のカメラ！とんでもない見た目の列車が現れた！

山陽本線の笠岡駅に臨時停車する「DEC741」を見に行きました。屋根の50台以上のカメラを見て、続いて出たのは「なんじゃこれは!」の声。

たくさん並んだカメラに向かって、思わず「ピースサイン」をしてはしゃいでしまいました。画像は映っているでしょうか?

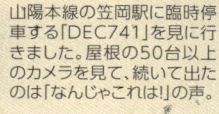

日本の鉄道技術が誇る 未来型ハイブリッド車両

環境意識が高まり、鉄道車両にもエネルギー効率の向上が求められつつあります。今注目の最先端技術によるハイブリッド車両に注目してみました。

FV-E991系「HYBARI」

JR東日本の「HYBARI」は、2022（令和4）年に二酸化炭素の排出ゼロを目指して開発された水素ハイブリッド電車です。水素を燃料とする燃料電池と蓄電池の2つのエネルギー源によるハイブリッド方式が採用され、CO_2を排出しないクリーンな走行を実現。車両も燃料電池の化学反応から生まれる水を碧いしぶきで表現し、未来感あふれるデザインとなっています。

愛称には水素（HYdrogen）とハイブリッド（HYBrid）の意味がこめられ、2022年3月から鶴見線と南武線の川崎～登戸間と尻手支線で実証試験が行われています。

写真提供：JR東日本

近郊型タイプ車両「YC1系気動車」

2020（令和2）年3月から九州の一部で運行を開始した、JR九州の蓄電池搭載型のハイブリッド気動車です。「YC」とは「やさしくて力持ち」の頭文字をとったもの。出入り口の段差を低減してスムーズに乗降できることや、環境負荷の低減など、乗客や環境への「やさしさ」が現れています。そして「力持ち」とは、蓄電池のアシストによる走行性能の効率化などによって、安全・安定輸送を追求したこと。非電化区間の多い九州では、走行する地域は徐々に広がっていきそうです。

HC85系

2022年7月に特急「ひだ」でデビューしたJR東海の新型特急車両です。ハイブリッド方式の車両であり、「HC」は「Hybrid Car」の略となっています。

2023（令和5）年には鉄道友の会からブルーリボン賞を受賞。同年、カーボンニュートラルの実現による脱炭素社会の形成に大きく貢献したと評価され、愛知環境賞「金賞」を受賞しました。

鉄道業界も地球環境を守る動きに積極的に取り組んでいます。鉄道の旅も、すこしずつ変わっていくようです。

Japan's amazing railways

第4章

日本一!

伊勢志摩の豊かな陽射しを表現した、黄色の伊勢志摩ライナー。　写真提供：近畿日本鉄道

日本一！

日本一のノンストップ特急 鶴橋から伊勢市を90分

伊勢志摩ライナー

皆さまは列車を乗り過ごした経験がおありでしょうか？　気がついたときには時すでに遅し、扉はすでに閉まっており、無情にも列車が動き出すあの絶望感は言葉には言い表すことができません。周りの視線が気になってしまって走ることもできず、平静を装いながら乗り過ごした経験が何度もあります。

今回は〝絶対に乗り過ごしてはいけない列車〟をご紹介します。それが近鉄の大阪難波から三重県・賢島を結ぶ「伊勢志摩ライナー」。このうち土休日にのみ運行される３９０１列車と４５００列車は、私鉄最長の無停車区間を走る超速達列車になっています。途中、大阪の鶴橋駅を出発すると、次の停車駅・三重県の伊勢市駅まで驚愕の1時間30分間にわたって扉を開くことがありません！　大学の講義時間よりも長い！　わずか1駅間の距離が１３５・５㎞、通過する駅数は57にも上る正真正銘の〝絶対に乗り過ごしてはいけない列車〟といえるでしょう。

私も、土休日に1往復運行されているこのレア列車に乗車したことがありますが、永遠にかからないブレーキに爽

写真提供：近畿日本鉄道

赤色塗装の伊勢志摩ライナー
伊勢の太陽を表現した鮮やかな赤の編成。その色とフォルムから「伊勢エビライナー」という愛称で呼ばれることも。

路線ミニ情報
その名の通り伊勢志摩への観光のために開発された「伊勢志摩ライナー」ですが、京都、奈良、大阪エリアのみを行き来し、伊勢方面には行かない「伊勢志摩ライナー」も存在します。

快感を通り越して恐怖すら感じたのを覚えています。例えば、長距離無停車区間が有名なものとして、東海道新幹線のぞみ号の名古屋駅〜新横浜駅間がありますが、のぞみ号はこの区間を1時間15分ほどで走行しますので、それよりも長い時間、この伊勢志摩ライナーは無停車運転を続けることになります。

近鉄特急では速達タイプの「甲特急」と停車タイプの「乙特急」が設定されているのが特徴で、それにより多彩な運行が可能になっています。

この伊勢志摩ライナーはまさに「阪伊甲特急」にあたります。土休日には大阪方面から伊勢を訪れる観光客の数も多くなりますので、朝早くに大阪→伊勢を、夕方に伊勢→大阪をほぼダイレクトで結ぶことができる列車は本当に重宝されているというわけです。

また、観光客の方はもちろんですが、われわれ鉄道ファンにもたまらない列車であることはいうまでもありません。

特急停車駅を10駅も通過しますから、もはや〝超特急〟とか〝スーパー特急〟の域です。近鉄有数のジャンクションである奈良県の大和八木駅や、三重県の伊勢中川駅も通過しますので、乗車された際にはぜひ注目してみてください。

さらに面白いのが、鶴橋駅→伊勢市駅の私鉄最長無停車区間を走り終えた列車は、次にわずか600m先の宇治山田駅に停車することです。135・5km無停車で走っておいて、今度は約1分間で扉を開くあまりに緩急のついた走行に、近鉄の奥深さを感じずにはいられません。

DATA

運行開始／1994(平成6)年3月15日
車両／近鉄23000系
所有・運用／近畿日本鉄道
運行区間／京都・大阪難波・大阪上本町・名古屋〜賢島、京都・大和西大寺〜橿原神宮前、京都〜奈良、大阪難波〜奈良・鳥羽、名古屋〜松阪・宇治山田
運行地域／京都、大阪、奈良、愛知、三重
運行線区／京都線、難波線、大阪線、奈良線、橿原線、名古屋線、山田線、鳥羽線、志摩線
軌間／1,435 mm
電化方式／直流1,500 V
最高速度／130 km/h

【ノンストップ】乗り過ごしたら即〝終了〟の私鉄最恐特急がヤバすぎるwww

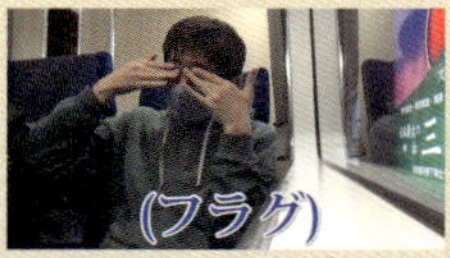

大阪難波駅から2駅先の鶴橋駅へ行こうと、ホームに降りると伊勢志摩ライナーが。短区間ですがかっこよすぎるのでこれに乗ります。この日は徹夜明けで眠気が…。

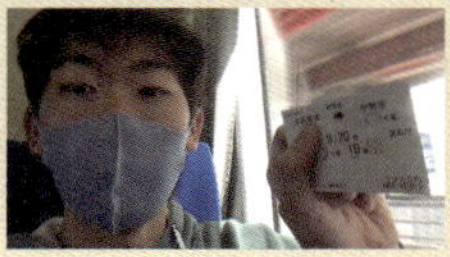

特急だけあって快適で静粛性が高く、完全に寝過ごしました!伊勢市まで降りられません。でもなんかくしゃみしたら伊勢市までの特急券が出てきたので、これで乗っていきます。

伊勢志摩ライナー沿線の見どころ

古くから参拝者で賑わう伊勢神宮を筆頭に、レジャー施設や、自然が生んだ絶景など、観光スポットがたくさん。さらには海と山の幸が両方揃う食材の宝庫で、参道ならではのご当地グルメもあり、さまざまな楽しみ方ができるエリアです。

伊勢市
宇治山田
五十鈴川
鳥羽
中之郷
志摩磯部
鵜方
賢島

Station

❶宇治山田駅

外壁はテラコッタで飾られ、屋根にはスペイン瓦。コンコースは開放感のある吹き抜けになっており、デザインに優れた昭和初期の名建築として国の有形文化財に登録されています。

所在地／三重県伊勢市岩渕2-1

❸鳥羽水族館

室内型水族館として国内最大級の広さを誇り、飼育種類数は日本一の約1,200種。日本ではここでしか見られないジュゴンをはじめ、たくさんの生き物に出会えます。

所在地／三重県鳥羽市鳥羽3-3-6
電話／0599-25-2555

写真提供：神宮司庁

❷伊勢神宮

125のお宮お社の総称で、正式名称は「神宮」。内宮とも呼ばれる皇大神宮には、皇室の祖先である「天照大御神」が祀られており、日本人の総氏神とされています。

所在地／三重県伊勢市宇治館町1　電話／0596-24-1111

❹志摩スペイン村

テーマパーク「パルケエスパーニャ」を中心に、ホテルと天然温泉施設で構成された複合リゾートです。異国情緒あふれるスペインの情景を楽しむことができます。

所在地／三重県志摩市磯部町坂崎字下山952-4
電話／0599-57-3333

Station

❺賢島駅

近鉄志摩線の終着駅で、時間帯によってはさまざまな近鉄車両が並びます。駅2階の伊勢志摩サミット記念館サミエールでは、実際に使用された円卓などが展示されています。

所在地／三重県志摩市阿児町神明747-17

❻賢島エスパーニャクルーズ

大航海時代のスペイン帆船をモチーフとした「エスペランサ」で、リアス式海岸の美しいあご湾を1周。途中、真珠モデル工場に寄港して、養殖真珠の核入れ作業を見学できます。

所在地／三重県志摩市阿児町神明752-11
電話／0599-43-1023

沿線注目グルメ

伊勢うどん

古くから伊勢参りの際に食べられてきた郷土料理です。1時間も茹でた、ふわふわもちもち柔らかな極太麺に、たまり醤油をベースにした、濃厚なつゆを絡めていただきます。

てこね寿司

酢飯に赤身のヅケを乗せたもので、志摩の漁師が船上でとれた魚をその場でさばき、手で混ぜ合わせて食べたのが始まり。農山漁村の郷土料理百選にも選ばれました。

さわ餅

江戸時代から全国で唯一、伊勢志摩地方にだけ伝わる餅菓子です。柔らかな餅でこしあんを包んだシンプルなお餅で、昔ながらの素朴な美味しさを楽しめます。

Sightseeing

ここから
手紙を出すと、
想いが届くかも

天空のポスト

伊勢湾を見渡せる天空のドライブウェイ「伊勢志摩e-POWER ROAD」の展望台に設置された現役のポストです。恋人の聖地に選定され、たくさんの人が利用しています。

所在地／三重県伊勢市朝熊町字名古185-3
電話／059-226-6752（三重県観光開発株式会社）

撮影スポット

鳥羽水族館の近くにある鳥羽城跡からは、空や海の青、島の緑の中を伊勢志摩ライナーが走る姿を撮影できます。

ミニ情報

写真提供：近畿日本鉄道

●伊勢志摩ライナーはもうひとつ"私鉄最長"を有しており、それが京都駅発、賢島行きの列車です。京都線から志摩線まで驚愕の6路線を直通して運行され、総距離は195.2km。"私鉄最長の距離"を誇ります。

●1994年、志摩スペイン村の開業に合わせてデビューしました。同年、鉄道デザイン国際コンペティションである「ブルネル賞」推薦賞を受賞しています。

ココが凄い！

写真提供：近畿日本鉄道

パノラマデッキの見晴らし

列車両端の乗務員室後部は大型曲面ガラスが設置されており、ワイドでスピード感あふれる大迫力の車窓風景を楽しめます。

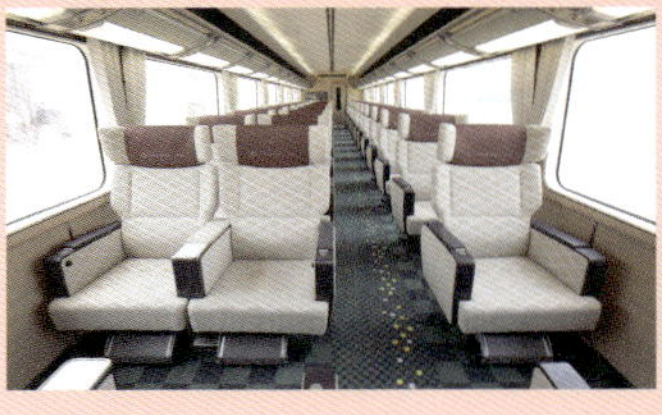

デラックス車両でより快適に

リクライニングやフットレストはもちろん、全席にコンセントも完備。真珠の装飾品や、高級感のある落ち着いた色合いのシートが並ぶ大人の空間で、寛ぎの時間を過ごせます。

275.5kmを走破する場合、混雑する京阪神区間でも座ったまま過ごせます。　写真提供：JR西日本

日本一！

走行距離275・5km
日本一長距離を走る定期普通列車

新快速（敦賀～播州赤穂）

みなさんは「日本最長距離を走る普通列車」をご存じでしょうか。平日に1本、休日に2本のみ運行される敦賀（福井県）～播州赤穂（兵庫県）を結ぶ新快速が、現在のJR最長普通列車として設定されています。ここでの「普通列車」とは、特別料金のかからない運賃のみで乗れる列車のことで、その走行距離は驚愕の275・5km。新幹線と7駅も並走するどころか、さらに長い距離を走ってしまうとんでもない列車です。

「関西のエース」と呼ばれるだけあって、新快速はさまざまなところで最高時速130kmを叩き出しますが、それでも41もの停車駅、終点の播州赤穂まで4時間10分を要します。

その長さを象徴するのが、途中に2回も現れる〝たかつき駅〟です。列車は滋賀県の近江塩津から京都府の山科まで琵琶湖の東側を通るため、西側を通る湖西線に比べて長い距離を走っていくのですが、北陸本線内にある滋賀県・高月（たかつき）駅を通った後に、今度は東海道本線内の大阪府・高槻（たかつき）駅を経由します。あまりにも長いが故の偶然ですが、アルファベット表記ではどちらも〝takatsuki〟ですから乗り間違

国鉄時代に投入された117系から現行の223系・225系まで、一貫して転換クロスシートを採用し、快適性を追求。

路線ミニ情報　「新快速」は一般的な「快速」より停車駅が少ない普通列車の種別です。JR西日本以外にJR東海の名古屋地区でも、浜松駅～米原駅間を走る「新快速」があります。

いには十分に注意しなければいけません。
また、注目したいのがこの列車の特徴的な運行方法です。始発駅である敦賀に入線する際、列車は4両編成でやって来ます。車両には確かに「播州赤穂行」の表記があるのですが、実はこの4両は播州赤穂までは行かないのです。

敦賀を出発した列車は途中の滋賀県・米原で前方に8両編成を連結し、全部で12両編成として京阪神地区を目指します。その後、兵庫県の姫路で今度は後ろの4両編成、つまり敦賀から走ってきた車両を切り離して、米原からの8両編成のみで終点の播州赤穂を目指します。

なので、敦賀から「播州赤穂行」と表示された列車に乗り込んでも全く安心する事は出来ません。とんでもないタイトル詐欺列車ですが、乗り通す人はほぼいないので問題はありません。

そうはいってもこの列車1本で関西を味わい尽くすことができる、もはや〝関西ツアー号〟のようなものですから、時間がある際にはぜひ乗車して頂きたいものです。

DATA

運行開始／1970(昭和45)年10月1日
車両／223系2000番台
所有・運用／JR西日本
運行区間／敦賀〜播州赤穂
営業キロ／275.5km
運行地域／大阪・兵庫・京都・滋賀・福井
運行線区／北陸本線・湖西線・琵琶湖線・神戸線・京都線・山陽本線・赤穂線
軌間／1,067mm
電化方式／直流1,500V
最高速度／130km/h
所要時間／平均250分(敦賀〜播州赤穂間)

ココが凄い！

沿線の街が活性化!

東海道線の「南草津駅」は「ミナクサ」の愛称で親しまれています。2011年から新快速の停車駅となり、駅前にはビルやマンションが建つなど、街の再開発が加速した街です。滋賀県内の利用客数で長年1位を保持していた草津駅を抜いて、2014年から6連続でトップに輝き、現在も首位を争っています。

日本一！

【新快速の本気】JR最長普通列車を乗り通す! 敦賀→播州赤穂を激走　魂の4時間8分

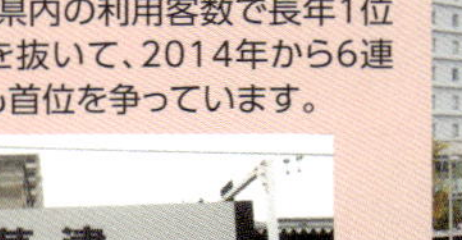

朝一番の敦賀駅に入線してきた新快速米原経由播州赤穂行き。この行き先表示、四捨五入で全点灯ですよね。やはり日本最長ともなるとLEDも大変です。

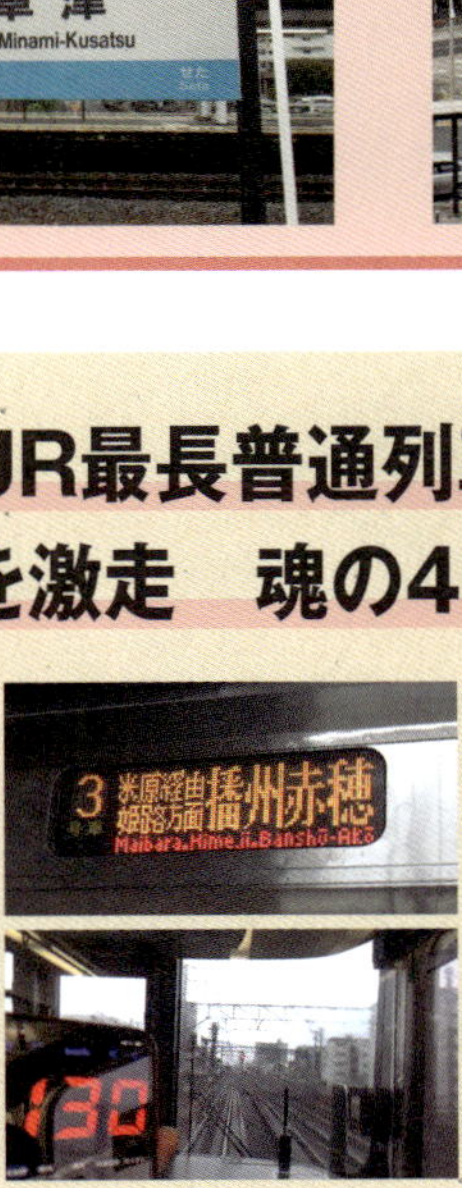

京都駅を出ると、4時間の乗車の中で一番の見せ場の区間です。すさまじい加速力で130km/hに到達。雨が降っているので、水しぶきを立てながら高速で走り抜けます。

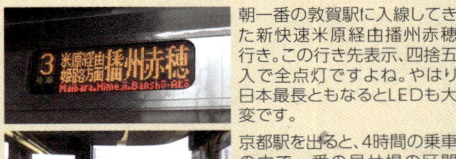

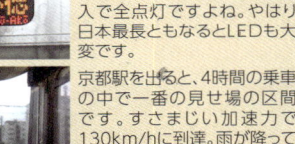

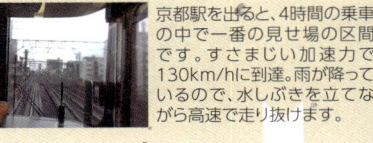

新快速沿線の見どころ

福井・滋賀・京都・大阪・兵庫の2府3県を結ぶこの路線では、その地に根付いた食文化や歴史、地域の風物詩に街のシンボルなど、各エリアの特色が光る見どころ盛りだくさん！新幹線との接続もある利便性の高い区間なので、気軽に足を伸ばせます。

1 敦賀
米原
2 彦根
3 近江八幡
京都
4 山科
5 高槻

❶日本海さかな街

敦賀港直送の魚介が並ぶ鮮魚店をはじめ、珍味や銘菓の専門店、飲食店などが軒を連ねる、日本海側最大級の海鮮市場。活気に満ち溢れる場内で、日本海の幸を味わえます。

所在地／福井県敦賀市若葉町1-1531
電話／0770-24-3800

❷彦根城

重要文化財の櫓や、国指定の名勝・玄宮園などを有する観光名所。白亜三層の美しい姿を誇り、月明りに照らされた姿は「琵琶湖八景」にも選定されるほどです。

所在地／滋賀県彦根市金亀町1-1
電話／0749-22-2742

❸近江八幡　水郷めぐり

八幡堀や西の湖、長命寺川などを船でゆっくり進みながら、風情ある水郷を楽しめます。船上で近江牛のすきやきが振舞われるコースも人気です。水郷めぐりは4社が行っており、各社で発着場や航路が異なります。

❹山科疏水

1892年、琵琶湖の水を京都へ引き込むために作られた「琵琶湖疏水」の分線。自然緑地として整備されており、春の桜並木や菜の花、秋の紅葉など、四季折々の様相を見せます。

所在地／京都市山科区御陵

沿線注目グルメ

近江牛

滋賀の名産品で、日本三大和牛に数えられる国内最古のブランド牛。きめ細やかな肉質で脂が甘く、口の中でとろけるほどおいしいと評判です。

へしこ

福井の郷土料理で、塩漬けした魚を米糠に漬け、1年以上熟成させた発酵食品。軽く炙って食べたり、寿司やパスタ、チャーハンにしたりと幅広い料理に使用されています。

明石焼

タコが入ったふわとろの生地を出汁に付けて食べる、明石の郷土料理。地元では「玉子焼」という名でしたが、街のPRのため「明石焼」に改名し、全国に広まりました。

撮影スポット

松と桜の独特な景観が魅力の夙川河川敷緑地は、さくら名所100選にも選ばれており、この景観美を横切る新快速の姿を間近で撮影することができます。

❼赤穂大石神社

忠臣蔵の英雄、大石内蔵助をはじめ四十七義士を祀っており、大願成就のご利益があると言われています。参道に並ぶ47人の赤穂浪士像は壮観です。

所在地／兵庫県赤穂市上仮屋字東組313-7
電話／0791-42-2054

❺芥川桜提公園

春にはその名の通り堤防に沿うように桜が咲き誇り、5月に開催される「こいのぼりフェスタ1000」では1000匹ものこいのぼりが空を泳ぎます。

所在地／大阪府高槻市清福寺町12-12
電話／072-674-7516（高槻市役所 都市創造部公園課）

播州赤穂 ❼

❻明石天文科学館

日本標準時子午線上に建つ“時と宇宙の博物館”。現役日本最古のプラネタリウムをはじめ、時や天文・宇宙について学べる施設が備わっています。

所在地／兵庫県明石市人丸町2-6
電話／078-919-5000

❻ 明石　神戸

ミニ情報

●私鉄王国と言われる関西で、乗客を獲得する新兵器として1970年10月1日に新快速が運行開始され、現在に至るまでスピードでは他の追随を許しません。

●草津～西明石までは日本一長い複々線の区間で、距離にして120.9km。線路の外側は主に特急・貨物・新快速、内側は普通と快速が走ります。

足を伸ばして

ビーナスブリッジ

金星台と山頂の展望台を結ぶ、全長約90メートルの8の字のループ橋。「みなと神戸」の景色を間近に楽しめる夜景・眺望スポットとして人気です。

所在地／兵庫県神戸市中央区諏訪山町

書写山

ロープウェイで景色を楽しみながら山頂に降り立つと、圓教寺の入り口に到着。神聖で厳かな空気が漂う境内は、数多くの映画やドラマのロケ地となっています。

所在地／兵庫県姫路市書写2968

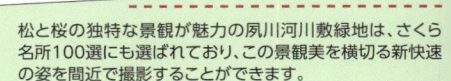

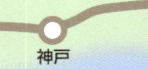

軽井沢付近を2機連結で列車を牽引するEF63の勇姿(1980年代)。

日本一!

碓氷峠のＥＦ63

通称「横軽」。伝説のＪＲ最急勾配区間、横川~軽井沢を走った電気機関車

鉄道は文字通り、鉄のレール上を鉄輪で走ります。その摩擦を最大限抑えることで、長距離を高速走行し続ける強みを引き出しました。一方で、一番の天敵になるのが、坂道の勾配です。上りでは車輪が滑ってなかなか登れず、下りでもブレーキをかけなければ勝手に走ってしまい非常に危険です。ＪＲの前身、旧国鉄で一番の急勾配区間、それが信越本線横川駅~軽井沢駅間の碓氷峠です。鉄道ファンの間では「伝説」とされる史上屈指の難所なのです。その勾配は66・7%、１０００ｍ先で66・7ｍ登っている計算です。坂道に弱い鉄道は20%を超えると「急勾配」と呼ばれますから、どれほどの勾配なのかおわかりいただけるはずです。

碓氷峠は江戸時代から中山道の難所でした。整備された道は馬で荷物を運べましたが、碓氷峠手前の山麓からは人が荷物を背負っていたようです。

明治時代、碓氷峠を越える鉄道敷設が重要視され、１８９３(明治26)年に官営鉄道中山道線が開業しました。当時の蒸気機関車の力では普通の車輪だけで登ることはできないので、アプト式と呼ばれる運行方式が採用されました。レールとレー

「アプト式」は複数の歯をずらして設置したラックレールを使った鉄道のひとつです。写真は碓氷峠鉄道文化むらに復元されたもの。

路線ミニ情報 碓氷峠は日本屈指の鉄道の難所として、「北の板谷」「西の瀬野八」と並び「東の碓氷」と呼ばれました。

ルの間にギザギザとした第三のレール、ラックレールを敷設。車輪と車輪の間にも歯車を作って、それぞれ噛ませることによって急勾配を登っていたのです。

しかし、非電化時代に機関車で急勾配のトンネルを長時間走行するのは非常に危険で、機関士さんとって命懸けの運行になっていました。そこで1912（明治45）年に電気機関車を導入し、幹線で初めての電化が行われました。この時設置された丸山変電所がアプト式鉄道を支え、国の重要文化財にも指定されています。

1963（昭和38）年、アプト式鉄道のため時間がかかっていた横川〜軽井沢に新ルートが付け替えられ、所要時間短縮が図られました。新ルートは日常的に見る在来線と同じ線路です。その区間で活躍したのがEF63型電気機関車でした。碓氷峠を越えるために作られた機関車で、なんと2機の力で列車を引っ張り上げていたのです。機関車を増結する停車時間に群馬県側の横川駅で販売していたのが、有名な駅弁「峠の釜飯」です。いまも県境周辺の各所で販売しています。

新ルート開業後は、「特急あさま（上野〜長野）」「特急白山（上野〜金沢）」など多くの列車が碓氷峠を越えていきましたが、1997（平成9）年に長野新幹線が開業したことで、長距離輸送の役割を新幹線へバトンタッチ。横川〜軽井沢の短距離需要は見込まれず、運行に大きな手間がかかるため路線自体が廃止されました。

横川〜軽井沢の廃線跡は、旧線は遊歩道として整備されており、新線もツアーに申し込めば歩くことができます。碓氷峠鉄道文化むらではEF63型電気機関車の運転体験も行われ、かつての「横軽」を今でも堪能できる場所ですので、峠に挑んだ多くの人々や鉄道を想像しながら、ぜひその地に踏み入れてみてください。

もっとも、僕は動画の企画でこの区間を丸々1日かけて泣きそうになりながら歩きましたが…。

日本一！

DATA

運行開始／1893（明治26）年4月1日
最終運行／1997（平成9）年9月30日
※橋梁、隧道、変電所は1994（平成6）年、国の重要文化財に指定
所有・運用／国鉄→1987（昭和62）年にJR東日本に継承
運行区間／横川〜軽井沢
区間距離／11.5km
区間標高差／553m
軌間／1,063mm
電化方式／直流1,500V
最高速度／設計:100km/h、制限速度:（上り）60km/h、（下り）38km/h
所要時間／49分

ココが凄い！

古来より難所として知られる碓氷峠

標高956mある碓氷峠は、古くは『日本書紀』にも記される難所として知られています。江戸時代に中山道の一部として整備され、関所が設けられましたが、その道のりは険しく、碓氷越えは命がけでした。明治21年に碓氷馬車鉄道が開通。その5年後に機関車が登場し、平成9年の新幹線開業によってようやく、急勾配との闘いに終止符が打たれました。

日本三大関所にも数えられる碓氷関所は1869（明治2）年に廃止。復元された関所跡や、関所に関する史料が残されています。

碓氷峠鉄道文化むらに残る日本一の急勾配「66.7%」の勾配標

横川〜軽井沢周辺の見どころ

碓氷峠は、鉄道文化遺産や妙義山などの美しい自然景観、そして日本屈指の避暑地軽井沢など、多くの魅力にあふれています。

碓氷峠の鉄道遺産

旧丸山変電所

1912(明治45)年、碓氷線の電化に伴い建設された施設。1994(平成6)年、国の重要文化財の指定を受けました。

所在地／群馬県安中市松井田町横川字丸山
電話／027-382-1111(安中市観光課)

旧熊ノ平駅

横川駅〜軽井沢駅の間が開通した際に、給水給炭所として熊ノ平信号場を設置。その後、1906(明治39)年、熊ノ平駅に昇格しました。1997(平成9)年、廃線とともに廃止となりました。

所在地／群馬県安中市松井田町坂本
電話／027-382-1111(安中市観光課)

碓氷峠鉄道文化むら

蒸気機関車など歴史的鉄道車輌や関連する施設の再現・展示や、EF63の運転体験などもあり、鉄道ファンだけでなく家族連れも楽しめるスポットです。

所在地／群馬県安中市松井田町横川407-16
電話／027-380-4163

鉄道資料館の売店では、他では手に入らないレアなオリジナルグッズを販売！

＊JR東日本商品化許諾済

❶おぎのや横川本店

1885(明治18)年創業の「おぎのや」は、横川駅の駅弁「峠の釜めし」で全国的に有名。信越本線横川〜軽井沢間の廃止後も、サービスエリアでの販売や「駅弁フェア」などでその人気を保っています。

所在地／群馬県安中市松井田町横川399
電話／027-395-2311

❶
横川

Event

廃線ウォーク

2018(平成30)年から安中市観光機構が「信越本線新線をゆく 廃線ウォーク」を主催しています。横川〜軽井沢間の約11km(標高差約550m)の廃線跡に残る、めがね橋などの有名な鉄道遺産群を歩きます。

■問合せ:一般社団法人安中市観光機構 横川オフィス
所在地／群馬県安中市松井田町横川441-6
電話／027-329-6203

❷妙義神社

奇岩で知られる妙義山の麓にあり、江戸時代初期から中期の壮麗な建物で有名です。本社は国の重要文化財に指定されています。

所在地／群馬県富岡市妙義町妙義6
電話／027-473-2119

❷

【2日目】1週間超ハードモードさいころの旅！～絶体絶命！遭難の危機～

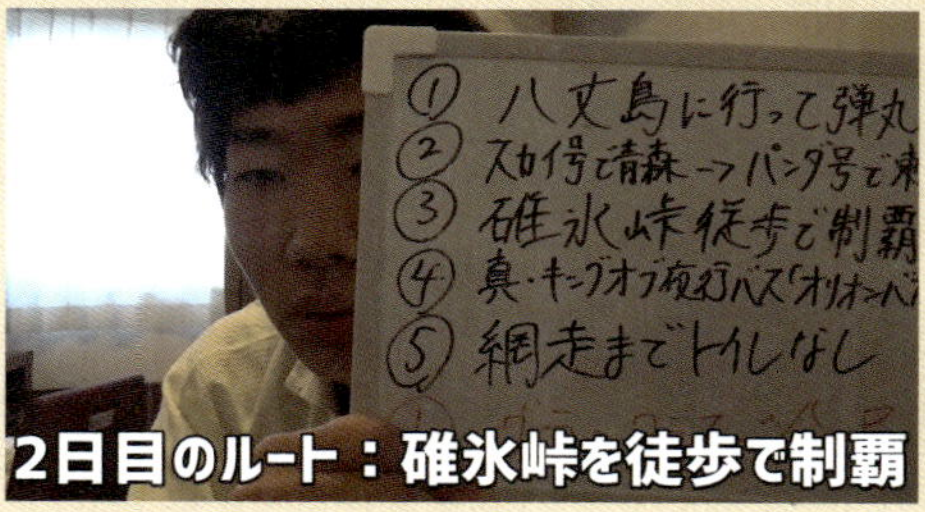

遊歩道には旧線の線路の痕跡があり、新線の線路や電線はそのまま残されています。距離にして20km、ここに勾配が加わるとどうなるのか、先が思いやられます。

EF63でも二つ必要な場所を、僕は一人で歩いてる。整備された道でもこんなにつらいのに、こんなところに道や鉄道なんて、最初どうやって作ったのか…。

❹軽井沢鉄道ミニ博物館

碓氷峠のアプト式鉄道や歴代車輌のミニチュア展示などのほか、草軽軽便鉄道の券売機などの資料も展示された、鉄道ファンには見逃せない博物館です。

所在地／長野県北佐久郡軽井沢町大字軽井沢旧軽井沢739 軽井沢観光会館内
電話／0267-42-5538

❸熊野皇大神社（県境の社）

日本三大熊野のひとつとされる由緒ある神社。安中市（群馬）と軽井沢町（長野）の県境に社殿がまたがっていることで知られています。

所在地／長野県北佐久郡軽井沢町峠町1
電話／0267-42-5749

軽井沢

足を伸ばして

旧碓氷峠見晴台

碓氷峠には展望台があり、眼下に広がる美しい風景を眺めることができます。特に、秋の紅葉シーズンには見事な景色が広がります。

所在地／長野県北佐久郡軽井沢町峠町
電話／0267-45-8579
（軽井沢町観光経済課）

観光ぐんま写真館提供

妙義山とパノラマパーク

妙義山は、赤城山・榛名山とともに上毛三山のひとつで、独特の姿で有名です。パノラマパークからは、西に妙義山、東には赤城山・榛名山を一望できるビュースポットです。

所在地／群馬県富岡市妙義町妙義　電話／0274-73-7010（妙義山周辺観光案内所）

撮影スポット

碓氷峠を越えるE7系

大きな迂回ルートと長いトンネルで標高差を克服した北陸新幹線

地元の人たちの大切な道路。自転車は首を下げて通ります。

間近で見る列車の通過は大迫力!

日本一!

日本一低い？ JR・北方貨物線ガード下

高さ1.2mの田川踏切

鉄道の楽しみ方はさまざまありますが、実際に地上に降り立って体感することができる珍スポットをご紹介します。それが大阪府大阪市淀川区にある「田川踏切」です。東海道本線の大阪のお隣の駅、塚本駅から数キロ歩いたところに存在しています。一見するとどこにでもあるような踏切なのですが、この踏切を渡り、隣り合うように連続している架道橋に差し掛かると思わず声が出るはず。「ひ、ひ、低すぎる！」何と高さが約1m20cmしかないガード下が現れるのです。

一般的に、ガード下といえば自動車が通ることができるくらいの空間があるものですが、さすがにわずか1m20cmの高さでは自動車はおろか、人間が通るのも一苦労。頭上にはこれでもかとスポンジのようなものが貼られていて、安全対策は万全。なかなか他では見ることができない光景です。視覚的にも文字で「頭上注意」と大きく表記されているのですが、心の中で「〝頭上〟というよりは〝頭中〟やん。」と突っ込んでしまいました。

この田川踏切は「北方貨物線」という、一般的な旅客列車は通らない貨物線上に位置しています。列車の集中する大阪駅を経由することなく、神戸方面と京都方面を結ぶことができるため、多数の貨物列車や、特急サンダーバード号の回送列車がこの線路を通っています。背をかがめて線路下に潜れば、なかなか速いスピードで走るサンダーバード号に押

路線ミニ情報
北方貨物線は神戸方面と京都方面を結んでいますが、大阪駅を経由しないため、旅客列車は走っていません。かつては、大阪駅に停車しない寝台特急が走っていたことがあります。

しつぶされるような体験をすることができてしまいます。凄いスリルで、やってはいけないようなことをしている気分になります。

そんな低すぎるガード下ですが、地元の方にとっては重要な生活道路として重宝されています。実際に現場に行ってあまりの低さに驚いていると、自転車に乗られた地元の方がいとも簡単に背をかがませて、流れるように通過されていく様子を見ることができました。もはや〝熟練の技〟ともいうべき走行で、ガード下の低さよりも驚いた記憶があります。足を運ばれる際には沿線住民の方に迷惑にならないよう、また〝頭上にはしっかりと注意して〟お楽しみください！

DATA

北方貨物線開業／1918(大正7)年8月1日
所有／JR西日本
運営／JR西日本、JR貨物
運行区間／吹田貨物ターミナル駅～尼崎駅
駅数／5駅
路線距離／12.2km
運行地域／大阪、兵庫
線路数／複線
軌間／1,067mm
電化方式／直流1,500V

【恐怖】関西一低いガード下に行ったらとんでもない迫力！

西 saionji YouTuber

奥に行くに連れて低くなり、最も低いところで1.2mの桁下。踏切が隣り合っているので「田川踏切」と呼ばれています。

回送のサンダーバードが通過。残念ながらカメラの画角に入りません。

こんな列車がみられる田川踏切周辺

北方貨物線は1日に上り下りあわせて約90本の貨物列車が行き来します。旅客列車はありませんが、回送の特急列車を間近で見ることができます。

ハイブリッド方式の特急 ひだHC85系

桃太郎の愛称で知られるEF210

特急サンダーバード683系

国鉄時代の雰囲気が色濃く残るEF65

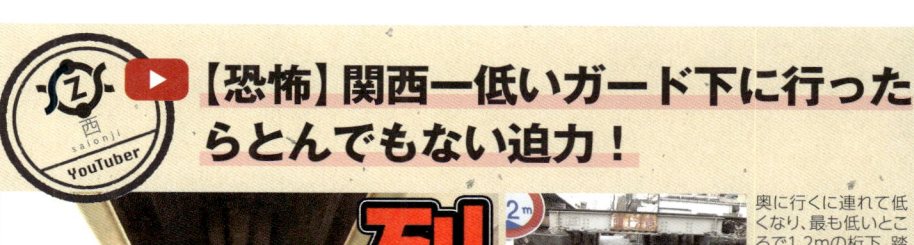

発見！まだまだある日本一

日本には数多くの鉄道施設があります。その中で「日本一」とされる施設をいくつかご紹介します。日本の鉄道文化を体験するなら、見逃せないスポットです。ぜひ足を運んで、その魅力を堪能してください。

❷日本一高い鉄道橋

**【大井川鉄道井川線
関の沢橋梁（静岡県榛原郡　尾盛駅〜閑蔵駅間）】**

1954（昭和29）年、中部電力専用鉄道の運行開始に合わせて供用開始した、70.8mと日本一の高さを誇る全長114.0mの鉄道橋です。新緑の美しい初夏、そして紅葉の美しい秋には多くの観光客が訪れます。また、対岸の林道や展望台から関の沢橋梁を望むことができ、絶好の撮影スポットです。

所在地／静岡県榛原郡川根本町犬間

近隣観光スポット

奥大井湖上駅展望所

奥大井湖上駅（▶P.111）は南アルプスアプトライン（大井川鉄道井川線）の駅ですが、いまや世界的な観光名所となっています。その有名な写真を撮影できるのがこの展望所。

所在地／静岡県榛原郡川根本町犬間

写真提供:静岡県観光協会

❶地上からの距離日本一

【通称「日本一のモグラ駅」上越線　土合駅】

改札からホームまで462段の階段が続く、地下70mある“日本一のもぐら駅”。改札までの所要時間は約10分。階段の中腹にはベンチが設置されています。

所在地／群馬県利根郡みなかみ町湯桧曽

❸日本一急勾配にある駅

【京阪電気鉄道京津線　大谷駅】

開業は1879（明治12）年、官設鉄道の時代です。標高159mと京阪電鉄の全駅で最も高く、傾斜も40‰あり、日本のすべての普通鉄道で最大の勾配にある駅として知られています。ホームのベンチは足の長さが異なっていて、傾きを調整しています。

所在地／滋賀県大津市大谷町23-5

近隣観光スポット

蝉丸神社

百人一首の「〜知るも知らぬも逢坂の関」でおなじみの、盲目の琵琶法師蝉丸が祀られている大津市の神社です。近くにある関蝉丸神社とあわせて蝉丸神社とよばれています。946（天慶9）年の創祀と古い歴史を持ち、芸能にかかわる人々に敬われてきました。

所在地／滋賀県大津市大谷町23-11

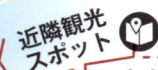

❺日本一短い鉄道トンネル

【JR西日本呉線　安芸川尻駅付近】

JR西日本呉線の川尻トンネルは全長8.7m。気をつけていないと気づかずに通り過ぎてしまいます。トンネル好きの方は、ぜひ降りて実際に目にしてみるとよいでしょう。

住所／広島県呉市川尻町西2-15

近隣観光スポット

大和ミュージアム

写真提供：一般社団法人広島県観光連盟

正式名称は「呉市呉市海事歴史科学館」。1/10スケールの戦艦大和の模型を筆頭に、戦前・戦後の船舶製造に関連した技術を詳細に展示しており、戦争の悲惨さや教訓、そして平和への思いを伝えています。迫力ある映像や体験型コンテンツもあり、興味深い学びの場となっています。

所在地／広島県呉市宝町5-20

❹営業日の少ない駅日本一

【JR四国予讃線　津島ノ宮駅】

春だけ、秋だけといったように花の咲く季節などに営業する「臨時駅」は各地にありますが、そのなかで「年に2日だけ営業する駅」として知られているのが「津島ノ宮駅」です。毎年津島ノ宮（津嶋神社）の夏季大祭が開催される8月4日・5日の2日のみの営業で、日本一営業日数の少ない駅です。

所在地／香川県三豊市三野町大見甲6884-1

近隣観光スポット

津嶋神社

瀬戸内海の小島に浮かぶ、子どもの守り神として厚い信仰を集める神社です。本殿を結ぶ橋は、年に2日間だけ開かれます。

所在地／香川県三豊市三野町大見甲6816-2

❻日本一短い駅間

【松浦鉄道　中佐世保駅〜佐世保中央駅】

中佐世保駅から佐世保中央駅の距離は、わずか200mしかありません。もともとあった中佐世保駅から、近くの「四ヶ町商店街」に行くのはちょっと不便。というのもこの商店街、全長960mもあるのです。そこでできた駅が佐世保中央駅というわけです。

所在地／長崎県佐世保市島瀬町10(佐世保中央駅)

近隣観光スポット

九十九島 パールシーリゾート

©長崎県観光連盟

九十九島はリアス式海岸の島々と海がつくる北九州屈指の観光地で、西海国立公園を構成しています。パールシーリゾートは、九十九島水族館「海きらら」を中心に九十九島遊覧船が運航され、多くの飲食店や土産物店が周囲に連なるリゾート施設です。近くには、九十九島動植物園（森きらら）や展海峰などの見どころも。

所在地／長崎県佐世保市鹿子前町1055

のどかな風情で、山間を縫って走る「特急 伊那路」。

日本一！

“特”に“急”がない特急列車！

伊那路号（飯田線）

みなさんは「遅すぎる特急列車」をご存じでしょうか？ それが、愛知県の豊橋駅から長野県の真ん中に位置する飯田駅までの129・3㎞を結ぶ、JR東海の特急「伊那路号」です。南アルプスを眺めながらJR飯田線に沿って走るこの特急は、表定速度が遅すぎる特急列車として知られています。表定速度とは、運行距離を運行時間で割った速さで、簡単にいうと平均の速度みたいなものです。この伊那路号の表定速度はなんと平均時速50・1㎞！ 世界最速の男・ウサインボルトの最高速度は時速44・5㎞なので、この列車は人間のフルスピードよりも少し速いだけに留まっています。

また、日本で一番表定速度が速い北陸本線の特急「サンダーバード37号」の表定速度はなんと時速106・5㎞になるので、伊那路号と比較すると、2倍以上にもなる速さで走行していることになります。

特急列車以外にも、関西のエースとも

座席は回転式リクライニングシートが並び、2両の車端部にはテーブルを備えたセミコンパートメント席も。

路線ミニ情報

JRではありませんが、ゆっくり走るといえば、長野電鉄の「特急ゆけむり～のんびり号～」。土曜・休日に運行され、下り列車は特に遅く、その表定速度はなんと23.7㎞/h。

いえる新快速は、伊那路号の所要時間と同じ約2時間40分で兵庫県の西の端にある姫路駅から大阪府、京都府を通って、滋賀県は琵琶湖の東にある長浜駅までの206・1㎞を走り切ってしまうので、鉄道マニアからは「特に急がない列車」で「特急列車」と言われるほど。

では、なぜ伊那路号はこのような非常にのんびりとした運行をしているのでしょうか？

飯田線の路線図にその謎は隠されています。飯田線は日本有数の山岳路線であり、南アルプスと中央アルプスの間を縫うように走っているため、路線に急勾配や急カーブが多く、スピードを出すことができないのです。最高速度は特急列車としては異例の時速85㎞に設定されています。

また、元々は国鉄の路線ではなく、それぞれの地域の間での輸送を目的に路線を敷設した、地元の私鉄4社が戦時中に合併したことでできた路線で、沿線の集落ごとに設置された駅同士の間隔が非常に短いため、トップスピードを維持するのが難しいのも理由のひとつです。ローカル線の駅間は長くなるのが一般的ですが、飯田線では平均するとおよそ2.1㎞に一駅が設置されています。

このような理由から、日本有数の鈍足特急列車が生まれているというわけです。

確かにスピードはのんびりとしていますが、見方を変えると、これ以上にゆっくりと景色を眺めることができる特急列車も珍しいものです。四季折々の山の表情を眺めながら、どうしてもスピードばかりが求められている現代社会で、たまにはのんびりとした旅を楽しんでみるのはいかがでしょうか？

※掲載内容は2024年3月16日のダイヤ改正前のものです。

DATA

運行開始／1996(平成8)年3月16日
車両／373系
所有・運用／JR東海
起点／豊橋駅
終点／飯田駅
営業キロ／129.3 km
運行地域／愛知県、静岡県、長野県
運行線区／飯田線
軌間／1,067mm
電化方式／直流1,500V
最高速度／85 km/h
所要時間／最速2時間33分

西 saionji YouTuber

飯田線・普通列車７時間乗車があまりにも暇すぎて円周率を覚え始める始末

豊橋～辰野橋間を乗換なしで走る普通列車は、1日3本(2023年7月現在)。

飯田線はずっと山に囲まれていて、霧もかかり、標高が高いのかなという印象。優雅にそびえたつ山や森の匂い、神秘的な光景を眺めながら進みます。

天竜峡駅に到着。うとうとしていたら視線を感じて、パッとみたらこの人形。左にも女の子の人形があるんですが、びっくりしすぎて8度見くらいしました。

飯田線沿線の見どころ

飯田線は愛知県豊橋駅から長野県辰野駅を結ぶ全長195.7kmの長大なローカル線です。山と川が織りなす渓谷美を楽しむことができます。特急「伊那路号」が停車するのは飯田駅までですが、ここまで来たらぜひその先の秘境へも足を伸ばしてみてください。

❶辰野ほたる童謡公園

公園の中央に天竜川が流れ、ほたるの名所として知られる公園。日本一のゲンジボタルの発生数を誇り、最盛期の6月上旬〜中旬には町をあげて盛大なほたる祭りが行われます。

所在地／長野県上伊那郡辰野町大字平出1006-1
電話／0266-41-1111（辰野町役場産業振興課）

❷元善光寺

長野市にある善光寺（▶P.96）のご本尊が最初に置かれた場所。古来より、元善光寺と善光寺の両方をお詣りしなければ片詣りと言われています。堂内でのおもしろ法話は必聴です。

所在地／長野県飯田市座光寺2638
電話／0265-23-2525

❸天竜ライン下り

天竜川を最大50分かけてゆったりと下り、大自然に癒されながら、天龍峡の両岸から迫る大岩壁の迫力や、船頭による投網の技を堪能できます。

所在地／長野県飯田市龍江7115-1
電話／0265-27-2247

❹佐久間ダム・佐久間電力館

発電量国内最大級、日本屈指の超巨大ダム。電力館では佐久間ダムの歴史やしくみを解説しており、屋上からはダム湖を一望できます。

所在地／静岡県浜松市天竜区佐久間町
佐久間2552-3
電話／0539-65-1350

❺湯谷温泉

1300年以上の歴史を持つ、渓谷と調和した静かなたたずまいが魅力の温泉。宿泊はもちろん、日帰り入浴や足湯、温泉水を持ち帰ることができる温泉スタンドもあります。

所在地／愛知県新城市豊岡滝上
電話／0536-32-1211（湯谷温泉発展会）

❻豊川稲荷

日本三大稲荷のひとつで、霊狐塚にはたくさんの狐像がズラリ。正式名は「妙厳寺」で、白い狐に跨った豊川吒枳尼眞天を祀っているため、通称「豊川稲荷」で広まりました。

所在地／愛知県豊川市豊川町1
電話／0533-85-2030

足を伸ばして

下栗の里

標高800〜1100mに位置する、「日本のチロル」と表現されるほどの絶景地です。伝統野菜や伝統文化の宝庫でもあります。

所在地／長野県飯田市上村下栗
電話／0260-34-1071（遠山郷観光協会）

千畳敷カール

ロープウェイで気軽に行ける絶景スポットです。春〜夏の高山植物をはじめ、秋の紅葉、冬の雪山など、アルプスならではのダイナミックな風景が広がります。

所在地／長野県駒ヶ根市赤穂1
電話／0265-96-7724（駒ヶ根市商工観光課観光係）

撮影スポット

飯田線城西駅近くに通称「渡らずの鉄橋」というS字鉄橋があります。列車が川を渡ったと思ったらまた元の岸に戻るという全国的にも珍しい姿を見ることができます。

秘境駅

小和田駅

古色蒼然とした木造駅舎や、周辺の廃屋が郷愁を誘います。静岡県の駅ですが、駅前を流れる天竜川の対岸は愛知県、上流方面は長野県という、三県境界駅としても有名。

為栗（してぐり）駅

平岡ダムの完成によって集落が水没し、居住者が減ったため秘境駅に。鉄道ファンの間では難読名の駅としても知られています。

ミニ情報

●伊那路号の車両は車窓の風景を楽しめるワイドビュー仕様で、天竜川沿いの美しい渓谷を楽しめる列車として1日2往復が運行されています。

●秘境めぐりには土曜・休日に利用できる「青空フリーパス」が便利。飯田線（豊橋〜飯田間）を含む上記フリー区間で、JRの快速・普通列車の普通車自由席が1日乗り降り自由です。特急券を購入すれば伊那路号も乗車できます。

Sightseeing

圧巻！の満点の星空

阿智村

環境省認定の日本一星空が綺麗な村。4月上旬〜5月上旬に村中を彩る花桃や、国内屈指の美肌の湯「昼神温泉」のほか、天竜川のラフティングなどのアクティビティも充実。季節や昼夜を問わず魅力が満載です。

西園寺チャンネル

Railway Column ❹

日本一!

全国には、こんなユニークな“日本一”の称号もあるんです!

Chapter1

【なぜ?】日本一安い運賃! 太っ腹すぎる路線に乗ってみた

ここは大阪にある千里中央駅。ここから3駅先の江坂までを結ぶ北大阪急行線は、日本一安い初乗り運賃で乗れる路線です。果たしていくらなのか、なぜそんなに安いのかご紹介します。

その衝撃の運賃は、なんと100円! なけなしの100円玉で日本一安い切符を購入し、鉄オタもにっこり。

北大阪急行は阪急の子会社で、車内は阪急と同様に高貴な内装。日本一安い運賃とのギャップにも注目です。

自販機の商品はどれも初乗り運賃より高いため、100円の切符を前に震え上がっております。

安さの理由が分かるスポットがこちら。千里中央―桃山台の駅間、列車内から見えるこのトンネルです。

かつてはあのトンネルの先に千里中央駅が存在し、さらにその先に万国博中央口駅がありました。

大阪万博で鬼のような利用数があり、開業した年に建設費が賄えたため、破格の設定ができているのです。

Chapter2

日本一長いホームを端から端まで歩く間に列車に乗れば先に隣の駅着ける説

京都駅には日本一長いホームがあることで有名で、一つの長いプラットホームの中に、0番線と30番線があり、その距離は558m。これがいかに長いのか、身をもってお伝えしたいと思います。

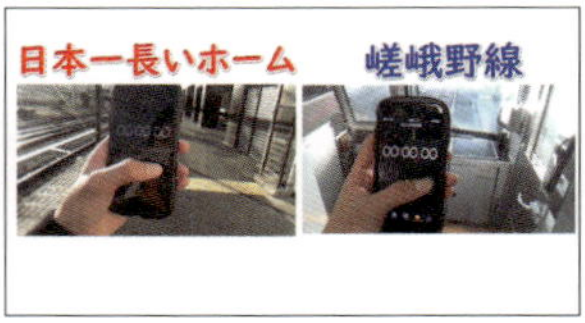

ホームを端から端まで歩く役と、京都駅から列車に乗る役を、一人二役でやっていきます。よーいスタート!

いつも通学で歩くくらいの速度で行きます。そうこう言ってる間にもう1分経過。急ぎましょう!

検証開始から1分半で、隣の梅小路京都西駅が見えます。徒歩役はその頃、ホームの半分にも達していません。

列車のドアが開いてここでゴール! 記録は2分29秒です。

今頃もう一人の僕はまだ歩いているんでしょうか。この夕暮れと奥に見える0系新幹線、最高ですね。

徒歩役もホームの端にようやく到達。記録は6分26秒。倍の速度で歩いても無理なので、列車の圧勝です。

Japan's amazing railways

第5章

伝説!

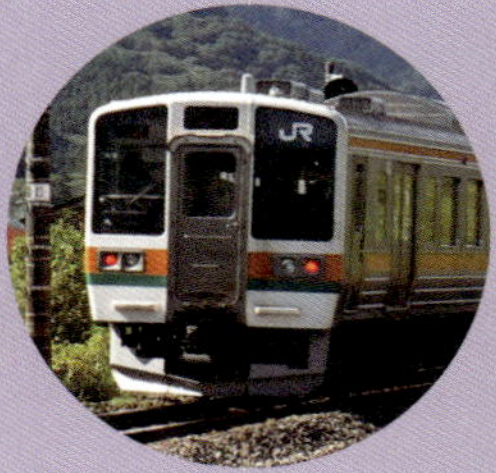

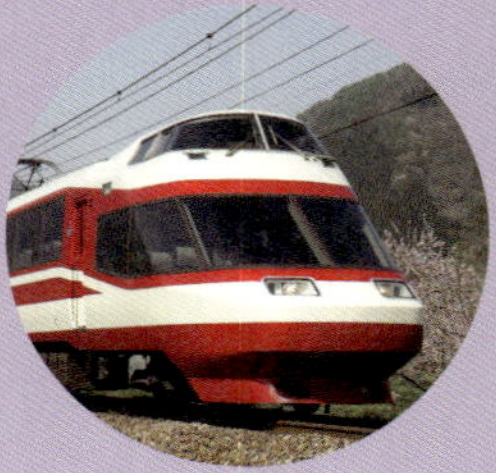

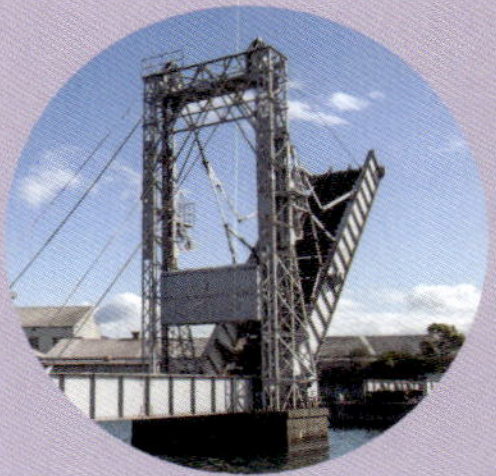

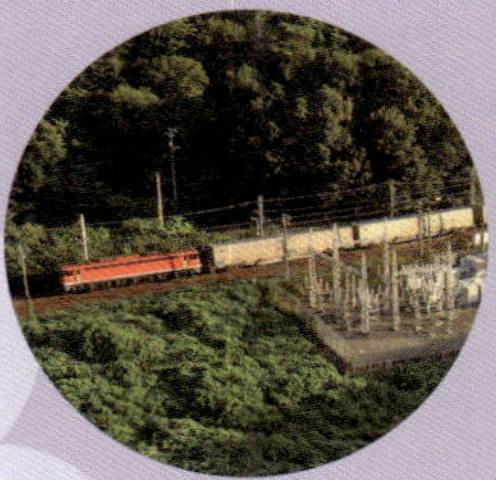

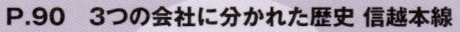

伝説！

信越本線

JRと第三セクター。3つの会社に分かれた歴史

妙義山をバックに走る211系。沿線では山や田園、海など、のどかな風景が続きます。

日本には約560もの鉄道路線が存在しており、日本全土に路線網が張り巡らされています。そんな中でも輸送量の多い重要路線には「○○本線」という名前がつけられており、数多くの通勤列車や特急列車が運行される〝花形路線〟になっています。時代が進む中で、長距離を走る列車の役割は新幹線に受け継がれつつありますが、その多くはやはり「○○本線」に並走するように建設されており、その重要性は今でも健在。東海道本線に並走する東海道新幹線や東北本線に並走する東北新幹線などがその例です。

そのなかで、かつて重要路線として機能しながらも現在は3つに分断されてしまった路線・信越本線をご紹介します。この路線は元々1893（明治26）年に、群馬県の高崎駅から新潟県の直江津駅の間で開通したとても歴史深い路線です。関東方面と日本海側を結ぶ初めての鉄道路線として、群馬県から長野経由で新潟県までを結んでいました。関東と日本海側の間には三国山脈が鎮座しており、現在のように直線的に結ぶことが困難であったため、大きく迂回するようなルートになったのです。

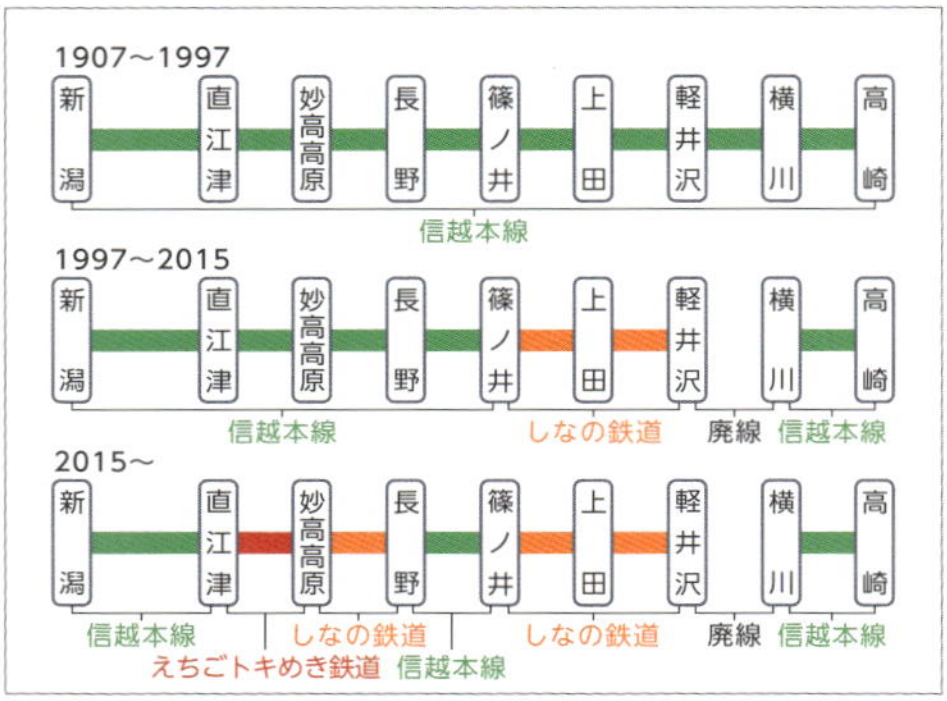

元々ひとつに繋がっていた信越本線ですが、横川から篠ノ井は営業キロで76.8km、長野から直江津で同じく75.0kmも離れた3つの区間に分断されました。

路線ミニ情報　北高崎～群馬八幡駅間に「豊岡新駅」（仮称）が2026年度に開業します。駅前には広々としたパークアイランド駐車場が設けられ、車から鉄道へのスムーズな乗り換えが可能です。

そんな中でも、群馬県と長野県の県境に立ちはだかる「碓氷峠」は、国鉄最急勾配66.7‰（パーミル）で最大の難所として全国的に知られておりました。難工事の末に碓氷峠越えの横川駅～軽井沢駅間が最後に開通したことで、簡単に関東方面と日本海側を往来することができるようになり、文字通り〝本線〟としての価値を存分に発揮していたわけですが、全通から約100年後の1997（平成9）年に転機が訪れます。

この翌年に開催された長野オリンピックに合わせるように、東京～長野間で北陸新幹線が部分開業したのです。この新幹線は「整備新幹線」と呼ばれ、日本政府が整備計画を決定したものになっており、JRは「整備新幹線が開業する区間で並行する在来線を経営から切り離してもよい」という決まりに乗っ取って、高崎駅～横川駅間は存続、碓氷峠越えの横川駅～軽井沢駅間を廃止する決断を下し、軽井沢駅～篠ノ井駅間は沿線自治体が第三セクター鉄道である「しなの鉄道」へ経営分離することに同意しました。その結果、信越本線は、廃止区間としなの鉄道に移管された区間を挟んで、高崎駅～横川駅間と篠ノ井駅～新潟駅間の2区間に分断されることになりました。

さらに2015（平成27）年には北陸新幹線の長野駅～金沢駅間が延伸開業したことで、同じように長野駅～直江津駅間が第三セクター化されたのです。この結果、長野県側は「しなの鉄道」、新潟県側は「えちごトキめき鉄道」となり、信越本線は高崎駅～横川駅間、篠ノ井駅～長野駅間、直江津駅～新潟駅間の3区間に分断されることになったのです。

重要路線が分断されることは少し悲しいことですが、新幹線の開業によって所要時間はかなり短くなっており、車内も山越えの区間すらそれを感じさせない快適性です。たまにはゆっくりと在来線で旅に出ることで、列車の速達化や路線の在り方の変化など、その奥深い歴史に触れてみるのもよいかもしれません。

ココが凄い！

新潟の地酒を楽しむ列車

JR東日本が上越妙高～十日町駅間で運行している「越乃shu*kura」では、車内に利き酒コーナーがあるほか、ソフトドリンクや地元食材のおつまみも提供しています。

写真提供:JR東日本

いろいろな車両と出会える！

信越本線としなの鉄道やえちごトキめき鉄道は、境目となる駅や前後の線路を共有しているため、各社が運転する多種多様な車両の姿が見られます。

DATA

開業／1885（明治18）年10月15日
所有・運営／JR東日本、JR貨物
起点／高崎駅、篠ノ井駅、直江津駅
終点／横川駅、長野駅、新潟駅
駅数／55駅（旅客駅のみ）
営業キロ／29.7 km（高崎駅～横川駅）、9.3km（篠ノ井駅～長野駅）、136.3km（直江津駅～新潟駅）※貨物区間を除く
運行地域／群馬、長野、新潟
線路数／複線（上沼垂信号場～東新潟港間は単線）
軌間／1,067 mm
電化方式／直流1,500V
最高速度／120km/h（直江津駅～新潟駅間）

信越本線・
えちごトキめき鉄道沿線の見どころ

鉄道のまち・新津や、碓氷線跡地のある横川など、鉄道文化が体感できる歴史深い路線ならではのスポットは必見。山あり海ありで、自然の景観美はもちろんのこと、そこから育まれる生物や食文化にも注目したいエリアです。

新潟
新津
1
長岡
2
鯨波
信越本線
柿崎
3
直江津
高田
4
えちごトキめき鉄道
妙高高原
しなの鉄道
長野
信越本線
篠ノ井
しなの鉄道
軽井沢
5
横川
信越本線
高崎

撮影スポット

日本海が一番近い駅・青海川を含む、柿崎～鯨波間では、線路のすぐ向こう側に広大な日本海が広がる撮影ポイントが点在しています。

青い海と青い空をバックに!

❶新津鉄道資料館

鉄道の要地として栄えた新津の歴史を中心に、鉄道関連の資料を公開。新幹線や蒸気機関車の車両などの実物資料や、模型が多数展示されています。

所在地／新潟県新潟市秋葉区新津東町2-5-6
電話／0250-24-5700

❷摂田屋

新潟県長岡市の、江戸時代から醸造文化が栄えた地区。日本酒・味噌・醤油づくりが盛んで、歴史ある蔵元の見学や、ここならではの発酵グルメを楽しめます。

所在地／新潟県長岡市摂田屋
電話／0258-32-1187
(長岡観光コンベンション協会)

❸上越市立水族博物館 うみがたり

飼育数日本一のマゼランペンギンや、日本海をバックに行われるイルカショーが人気。「五感で学ぶ日本海」をコンセプトに、工夫を凝らした展示がたくさんあります。

所在地／新潟県上越市五智2-15-15
電話／025-543-2449

❹高田城址公園

春には公園やその周辺の桜約4000本が咲き誇る桜の名所。ライトアップされた三重櫓とぼんぼりに照らされて映える桜の美しさは、日本三大夜桜のひとつに数えられています。

所在地／新潟県上越市本城町44-1
電話／025-526-5111
(都市整備課 公園管理係)

❺めがね橋(碓氷第三橋梁)

1892～1963年まで碓氷線の鉄道橋として活躍し、国の重要文化財に指定されています。美しいレンガ造りの4連アーチ橋で、長さ91m、川底からの高さは31mと国内最大級。

所在地／群馬県安中市松井田町坂本
電話／027-382-1111(安中市役所)

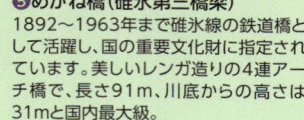

西
saionji
YouTuber

"元"県内最大の特急ターミナル駅に行ったら衝撃の光景が…

直江津駅は、かつて新潟県内で堂々1位の優等列車発着本数を誇った大ターミナル駅。北陸本線の開業に伴って激減し、現在乗り入れている特急列車はこのしらゆき号のみです。

3面6線の広くて長いホームは、昔は長大な編成がたくさん乗り入れていた名残。ここを今1両編成の車両が通過かと思うスピードで入線。階段の真横で止まります。

足を伸ばして

佐渡島

新潟港、直江津港からフェリーで行くことができる、日本海側最大の島。金銀山やトキの島として知られるほか、たらい舟やシーカヤックなどさまざまな体験を楽しめます。

所在地／新潟県佐渡市
電話／0259-27-5000(佐渡観光交流機構)

弥彦山

標高は東京スカイツリーと同じ634m。山頂からは越後平野や日本海の絶景を望むことができ、麓には新潟屈指のパワースポット「彌彦神社」があります。

所在地／新潟県西蒲原郡弥彦村弥彦
電話／0256-94-3154(弥彦観光協会)

姨捨の棚田

善光寺平という盆地を、約2,000枚の棚田が取り囲んでいます。姨捨駅のホームには、棚田を眺められるように線路と反対向きに設置されたイスがあり、「日本三大車窓」のひとつに数えられています。

所在地／長野県千曲市八幡

ミニ情報

●新津駅の近くにある「総合車両製作所新津事業所」では、主にJR東日本の車両を製造。沿線では、新しく作られた車両が貨物列車にけん引されている姿がたびたび見られます。

●廃止された信越本線横川～軽井沢間は、代替輸送バスとしてJRバスが1日8往復、碓氷バイパス経由で運行しています。(所要時間約35分、片道520円)

沿線で遭遇できる観光列車

写真提供:えちごトキめき鉄道

えちごトキめきリゾート雪月花
えちごトキめき鉄道が上越妙高～糸魚川間(妙高高原駅経由)で運行。

リゾートビューふるさと
JR東日本が長野～南小谷間で運行。

SLぐんまよこかわ
JR東日本が高崎～横川間で運行。

ろくもん
しなの鉄道が軽井沢～長野間で運行。

伝説！

春は桜、冬は雪景色に映える特急車両「ゆけむり」。　写真提供:長野電鉄

伝説！

消えた走行音！ 台車が少ない連接構造の列車

長野電鉄１０００系

突然ですが、列車が高速で通過していく際の音を思い浮かべてみてください。ほとんどの方の脳内には「ガタン、ガタンガタン、ガタンガタン……」という走行音が流れるのではないでしょうか。日常でもよく聞くおなじみの音ですよね。ただ、そんな中で一風変わった走行音のする列車があります。それが長野電鉄１０００系電車。何とこの列車はもともと小田急ロマンスカー「ＨｉＳＥ」として走っていた列車で、活躍の場を長野に移しています。「ゆけむり」という愛称で特急列車に使用され、特急料金は衝撃の１００円！ こんなにお得にロマンスカーに乗れてしまっていいのかと、申し訳なくなるほどの安さです。

肝心の走行音なのですが、この列車からは一般的な列車とは違い、「ガタン、ガタン、ガタン、ガタン……」という音が聞こえてきます。文面ではイメージし難いかもしれませんが、一般的に聞くことができるリズミカルなテンポではなく、等間隔で「ガタン」という音が連続します。つまり同じ両数であっても１０００系の方が「ガタン」と鳴る回数が少ない

写真提供:長野電鉄

車両と車両の間をガッチリ繋ぐ「連接台車」。揺れが少なくなり、客席の下に台車がないため車内は比較的静か。

路線 ミニ情報

長野電鉄1000系は、2006年デビューにあたり、車両愛称を募集。終点の温泉地・湯田中に因んで「ゆけむり」と名付けられました。

のです。

　これはなぜなのでしょうか。

　そもそもこの「ガタン」という音は、車輪がレールのつなぎ目を通過する際に発生します。一般的な列車は1両に台車が2つ配置された「ボギー台車」であるために、車両と車両の連結部分に台車が連続することになり、リズミカルな「ガタンガタン」という音が発生しています。一方で、この長野電鉄１０００系には「連接台車」と呼ばれる台車が採用されています。これは、連結器の代わりに1つの台車によって車両同士を連結するというもので、「ボギー台車」に比べて台車の数が少ないが故に、特殊な走行音が生まれているというわけです。

　これまで歴代の小田急ロマンスカーには、「展望席」の設定のほか「連接台車」が採用されることが多く、７０００形のLSEや５００００形VSEなどがロマンスカーの顔として活躍しました。連接台車を採用することで、高速域での安定性が高く、乗り心地が向上するメリットがありましたが、一方で整備に手間がかかるほか、構造上、車両の長さを短くする必要があり、一般的な列車とドアの位置等も異なってしまうデメリットが生じてしまったのです。その結果、ホームドアの設置を進める小田急は最新鋭のロマンスカー・７００００系GSEに、連接台車ではなくボギー台車を採用することになりました。また比較的新しいVSEもメンテナンスの問題で２０２３年の秋に完全引退しており、小田急電鉄から伝統の連接台車は姿を消すことになったのです。

　長野電鉄では小田急電鉄同様、勾配の急な区間も存在し、連接台車の特性を生かした往年の走りを今もなお楽しむことができます。特に志賀高原を前面の大きなガラスで望みながら、リンゴ畑やブドウ畑が側面をかすめていく様は圧巻！　終点の湯田中温泉まで快適な時間が流れます。一般的な車両が1両約20mなのに対して、12・5mと非常に短い車両の長さにも注目してみてください。

ココが凄い！

長野電鉄仕様に改造!

ドアの凍結を防ぐ「ドアレールヒーター」や、冬場のブレーキ性能を維持させる「耐雪ブレーキ」を追加するなど、豪雪地帯に適した車両に改造しています。

景色が見やすい!

両端の車両は大きな窓の展望車で、床に傾斜があり、後ろの席からでも前が見やすい作り。中間車両もハイデッカー構造で、高い目線から車窓を楽しめます。

写真提供:長野電鉄

DATA

運行開始／2006(平成18)年12月9日
車両／長野電鉄1000系電車
所有・運用／長野電鉄株式会社
起点／長野駅
終点／湯田中駅
営業キロ／33.2km
運行地域／長野
運行線区／長野電鉄長野線
軌間／1,067 mm
電化方式／直流1,500V
最高速度／90km/h
所要時間／45分

長野電鉄沿線の見どころ

長野県が実は温泉王国だということをご存じでしょうか。温泉地数は北海道に次ぐ2位、日帰り温泉施設数はなんと全国1位！ 温泉地への道中には、観光名所の善光寺に、風情ある街並みが楽しめる須坂や小布施などがあり、散策の楽しいエリアです。

❶湯田中温泉

約1350年前に発見され、小林一茶も愛した名湯。洗練されたホテルから、昔ながらの小規模旅館まで、幅広いジャンルの入浴施設があり、飲食店や商店も豊富です。

所在地／長野県下高井郡山ノ内町湯田中
電話／0269-33-2851（湯田中温泉旅館組合）

❷渋温泉

温泉王国・長野でもまれな、豊富な湯量と泉質が自慢。ノスタルジックな情緒あふれる石畳の温泉街の散策や、宿泊者が楽しめる外湯巡りが好評です。

所在地／長野県下高井郡山ノ内町渋
電話／0269-33-2921（渋温泉旅館組合）

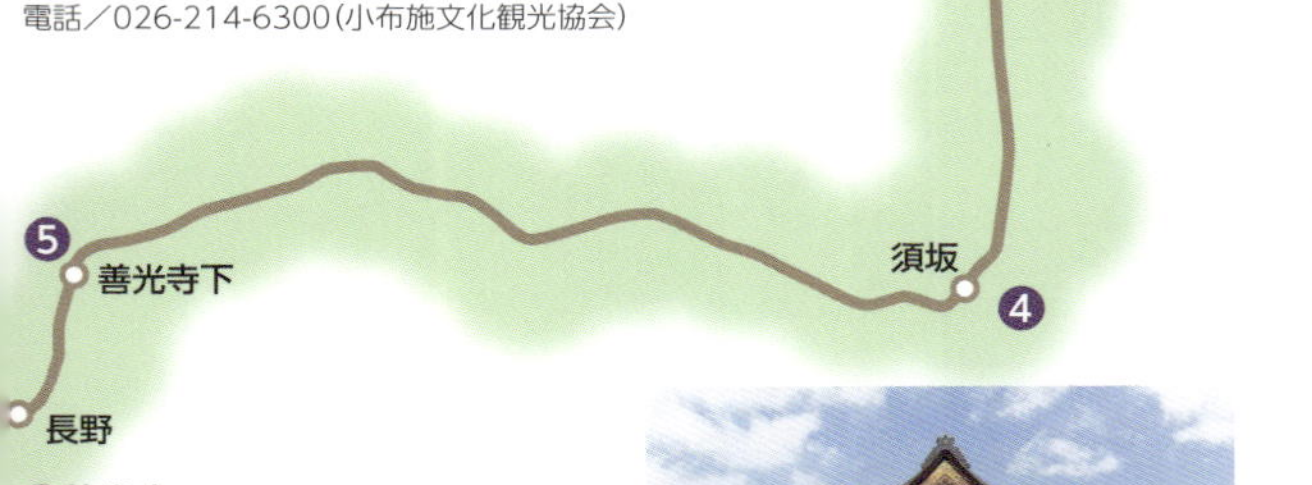

❸小布施

栗の産地で、町内には栗菓子店がたくさん。北斎ゆかりの地として注目されたのを機に街並みの整備や花の町づくりが進み、「栗と北斎と花のまち」として親しまれています。

所在地／長野県小布施町小布施
電話／026-214-6300（小布施文化観光協会）

写真提供:信州須坂観光協会

❹須坂　蔵の街並み

明治から昭和初期にかけて製糸業で栄えた須坂。当時建てられた蔵づくりの建物が数多く残されており、蔵を生かした商店、博物館、美術館などで当時を偲ぶことができます。

所在地／長野県須坂市
電話／026-215-2225（信州須坂観光協会）

写真提供:善光寺

❺善光寺

日本最古の仏像といわれる一光三尊阿弥陀如来を御本尊とし、創建以来約1400年の歴史を持っています。真っ暗な回廊を通って錠前に触れる「お戒壇巡り」が有名です。

所在地／長野県長野市大字長野元善町491-イ
電話／026-234-3591

【驚愕】日本一車両長の短い特急が凄すぎる!

都市圏で走る列車の多くは、1両の長さ20m前後ですが、長野電鉄1000系は先頭車が約16m、中間車は12.5mほどで江ノ電(12.1m)とほぼ同じ。日本一短い特急列車です。

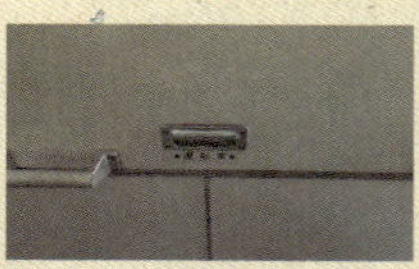

先頭車両一番前まで座席がありますが、運転士はどこに座るかというとこちら。天井からはしごを下ろして、それを登っていきます。

長野電鉄は、1998年の長野五輪の際にフル稼働。単線区間で増発した列車のすれ違いを行うため、北須坂駅や延徳駅を交換駅化させていました。今も線路の跡が残っています。

信州中野駅に到着。廃線となった河東線として使われていたホームを見ると…「スーパーやまびこしめじ」。これ以上強そうな名前のしめじを見たことがありません。

足を伸ばして

地獄谷野猿公苑

険しい崖の至る所から温泉の湯気が上がる光景から、太古より地獄谷と呼ばれており、世界で唯一、温泉につかるニホンザルを観察できる場所として世界中に知られています。

所在地／長野県下高井郡山ノ内町平穏6845
電話／0269-33-4379

写真提供:信州須坂観光協会

米子大瀑布

轟音とともに豪快に落ちる「権現滝」と、シルクの布を幾重にも落としたような「不動滝」の総称。「夫婦滝」とも称され、大自然が生む絶景を目の当たりにできます。

所在地／長野県須坂市米子
電話／026-215-2225
(信州須坂観光協会)

Ticket

長電フリー乗車券

長野電鉄全線が乗り放題になり、特急乗車時でも自由席なら追加料金不要のお得な乗車券。2日用(2,580円)は1000系が、1日用(2,070円)は2100系がデザインされています。

ミニ情報

●長野電鉄には特急車両「ゆけむり」のほかに、「スノーモンキー」という特急車両があります。こちらはJR東日本の「成田エクスプレス」の車両が使われています。

●元・小田急ロマンスカーの1000系のほか、東急電鉄田園都市線、東京メトロ日比谷線の車両など、長野電鉄で走る車両は全て他社から譲り受けたものです。

撮影スポット

長野電鉄の撮影スポットといえば、信濃竹原〜夜間瀬間にある「夜間瀬川橋梁」。周りに遮るものがないため、信州の山々をバックに走る列車をあらゆる構図で撮影できます。

末広橋梁（旧四日市港駅鉄道橋）は、跳開式可動橋として国内唯一の現役。

伝説！

末広橋梁

「線路が跳ね上がる！」日本唯一の鉄道可動橋

橋を架ける時には、その下を通る船のことも考えなければなりません。その共存を目的に生まれたのが船が通る時に橋が上がる「跳ね橋」です。

　そんな跳ね橋の中には列車が通る時だけ繋がる、何とも珍しい「鉄道可動橋」が存在します。三重県四日市市にある末広橋梁です。この橋は、現存する日本最古の可動橋で、1998（平成10）年に国の重要文化財にも指定されました。橋梁全体の長さは58mで、そのうち中央の桁部分16・6mが、80度の角度まで跳ね上げられます。この橋梁はプレートガーダー橋と呼ばれる構造をしています。橋台に橋桁を架け、線路を敷設するための床を設置した非常にシンプルな構造。橋脚上に高さ15・6mの鉄塔が立っており、そこに24tの錘が取り付けられています。この錘と可動桁の繋ぎ方を工夫することで、錘の重量を従来の3分の1程度に抑え、より軽い力で昇降できるという、当時の新技術で建設されました。

　末広橋梁は四日市港修築事業で埋め立てられた、末広町と千歳町の間の千歳運河に架けられています。この事業は1910（明治43）年から1929（昭和4）年に行われており、末広橋梁が架け

写真提供:JR貨物

貨物列車が通行する様子。通常は橋が跳ね上げられた状態で、列車の横断時のみ、橋が降ろされます。

路線ミニ情報

橋の可動を見ることができるのは、1日に4〜5回。時刻は不定期に変動します。実際に動いている姿を見られたらラッキーですね。

られたのは1931（昭和6）年のことです。橋梁の設計は「山本工務所」で、鉄塔にそのプレートが取り付けられています。この事業の中心的人物となるのが、山本卯太郎です。橋梁技術者として知られ、専門にしていた可動橋を多数手掛けました。当時は陸上交通と船舶交通どちらも盛んだったため、このような可動橋が全国に作られました。しかし、輸送手段が陸上交通へ移り変わるにつれその数を減らし、鉄道可動橋として現役で残るのは、ここ末広橋梁だけ。激レアな光景を今でも楽しめます。

末広橋梁を走る列車は、1日5往復の貨物列車です。比較的本数が少ないからこそ、可動橋でも成り立っています。橋を降ろす時には電子ブザーが鳴らされますが、橋が動く音自体はかなり静かでスムーズです。JR貨物の機関車がセメントを積んだ貨車を引き連れて対岸へ、その先は太平洋セメントの機関車にバトンタッチします。復路は空の貨車を持って帰ります。

いまやここだけでしか見られなくなった、現役の鉄道可動橋。橋という大きな構造物が動く姿は圧巻で、実際に列車が走っているというのは、鉄道ファンでなくても魅力ある光景に映るはずです。港湾の近代化を示す遺産のひとつとして、ぜひ足を運んでみてはいかがでしょうか。

DATA

所在地／三重県四日市市末広町
アクセス／JR関西本線「四日市駅」から徒歩で約20分
管理／日本貨物鉄道株式会社（JR貨物）
設計／山本卯太郎（山本工務所）
施工／鉄道省
竣工／1931（昭和6）年12月
構造／プレートガーター橋
橋長／57.98m
幅員／4.1m
主塔／15.6m

ミニ情報

山本卯太郎

●大正から昭和にかけて活躍した橋梁技術者。1927（昭和2）年に竣工した名古屋港跳上橋（写真：登録有形文化財）をはじめ、可動橋分野で多くの業績を残しました。

末広橋梁周辺

港湾施設や工場地帯の近くですが、四日市市内の観光スポットや名所へのアクセスも比較的便利で、観光客も訪れるエリアです。

そらんぽ四日市
（四日市市立博物館・プラネタリウム）

博物館は、四日市の歴史について展示。さまざまな体験教室など、楽しみながら学べるのが特色です。親子体験教室が多数開催されています。また、最新型のプラネタリウムも併設されています。

所在地／三重県四日市市安島1-3-16
電話／059-355-2700

四日市コンビナート夜景

「工場夜景の聖地」と呼ばれる四日市の工場夜景は、クルーズを利用すると近くまで寄って見ることができます。

乗船場所／三重県四日市市千歳町37
電話／059-327-5377
（四日市コンビナート夜景クルーズ）

潮吹き防波堤

明治時代に作られた波を弱める仕組みをもつ防波堤。国の重要文化財や近代化産業遺産にも指定されています。

所在地／三重県四日市市高砂町8
電話／059-366-7022
（四日市港管理組合振興課）

伝説！

文化財や近代化遺産、鉄道記念物など全国にはさまざまな鉄道遺産があります。
そんな中から、「現役」に絞っていくつかご紹介しましょう。

北海道 雨宮21号

初の国産森林鉄道用SLは、今も健在!

1928(昭和3)年に雨宮製作所で製造された小型機関車。北海道遠軽町の森林鉄道で木材や生活物資の運搬などで活躍。昭和30年代に廃止となりましたが、1976(昭和51)年に“森林公園いこいの森”で復活。国内で森林鉄道蒸気機関車が動態保存されているのは「雨宮21号」だけ。貴重な鉄道遺産です。2004(平成16)年、北海道遺産に選定。

■DATA

所 在 地／北海道紋別郡遠軽町丸瀬布上武利80番地
アクセス／JR石北本線「丸瀬布駅」から車で15分
運　　行／土、日祝日及び夏休み期間のみ
電　　話／0158-47-2466

宮城県 第二広瀬川橋梁

別名「熊ヶ根鉄橋」は撮り鉄たちの聖地

1931(昭和6)年に完成。JR仙山線の愛子駅～作並駅間に架かるトレッスル橋という独特の橋桁形式を持つ橋梁です。水面からの高さは約51mと全国1位。渓谷に映える美しい姿が人気で、橋を渡る列車の絶好の撮影スポットとして知られています。2014(平成22)には、仙山線のいくつかの施設とともに、選奨土木遺産に登録されました。

■DATA

所 在 地／宮城県仙台市青葉区上愛子道半
アクセス／JR仙山線「熊ヶ根駅」から徒歩11分

山梨県 笹子トンネル

かつて日本最長のトンネルだった鉄道遺産

全長4,656m。中央本線の笹子駅と甲斐大和駅の間にある単線のトンネルです。1966(昭和41)年に新笹子トンネルが完成して、それぞれ下りと上りとして複線で運用されるようになりました。貫通は1902(明治35)年で、1931(昭和6)年に上越線の清水トンネルが完成するまでは日本最長のトンネルでした。今に残る明治期の大事業です。

■DATA

所 在 地／山梨県大月市・甲州市
アクセス／JR中央本線「笹子駅」から徒歩約10分

今も現役! 代表的な鉄道遺産を全国からご紹介

静岡県　天竜二俣駅扇形機関庫と転車台

一度は訪れたい 文化財の宝庫のような駅!

天竜浜名湖鉄道天竜浜名湖線にある天竜二俣駅は、1940(昭和15)年に当時の国鉄の駅として開業しました。多くの鉄道資産が残っており、1998(平成10)年に転車台、扇形車庫、など、2011(平成23)年には本屋、上り上屋・プラットホーム、下り上屋・プラットホームなどが有形文化財として登録されました。鉄道ファンなら一度は訪れたい駅です。

■DATA

所 在 地／静岡県浜松市天竜区二俣町阿蔵230-2
アクセス／天浜線「掛川駅」から16駅(約45分)

写真提供:浜松・浜名湖ツーリズムビューロー

香川県　JR多度津駅

「四国の鉄道発祥の地」を訪ねる

高松駅から予讃線に乗ると、高知方面に向かう土讃線と分岐するのが多度津駅です。ここはJR四国の車輌工場や乗務員が所属する多度津運転区などがあり、国鉄時代から鉄道の要衝です。そんな歴史ある多度津には、駅構内の給水塔(登録有形文化財)や転車台などの鉄道近代化に関連した鉄道遺産、町中には町屋や武家屋敷、蔵屋敷、町立資料館なども残されています。

■DATA

所 在 地／香川県仲多度郡多度津町栄町3丁目
アクセス／JR予讃線「高松駅」から快速で約30分

福岡県　門司港駅(旧門司駅)

大正時代の姿を伝える ノスタルジックな駅舎

1891(明治24)年に開業した門司駅は、海外貿易の九州の玄関口でした。1942(昭和17)年に関門トンネルが開通し、名称が門司港駅と改められます。周辺は美術館などの観光施設やさまざまなショップ・レストランなどが並ぶ観光スポットで、レトロな駅舎は、シンボル的存在。1988(昭和63)年に鉄道の駅として初めて国の重要文化財に指定されました。

■DATA

所 在 地／福岡県北九州市門司区西海岸1-5-31
アクセス／JR鹿児島本線「博多駅」から特急や普通列車で約1時間30分

©福岡県観光協会

伝説！

通称「セノハチ」。JR山陽本線 伝説の区間、瀬野～八本松

22・6‰の急勾配に挑む

セノハチ（瀬野～八本松間）を走るEF67。

兵庫県の神戸駅から福岡県門司駅を結ぶJR西日本の山陽本線。その大動脈には開業当初から今も立ちはだかり続ける「難所」が存在しています。

「鉄道の敵」と言えば、やはり急勾配でしょう。箱根登山鉄道のようなスイッチバックや、迂回する東海道本線の垂井支線、近年は長いトンネルなど、鉄道はさまざまな方法で急勾配を回避するべく、工夫を重ねてきました。

岡山方面から広島県の真ん中にある山地を走ってきた列車は平野部の広島駅方面に坂を下って入っていくわけですが、この区間では最大22・6‰の急勾配があり、岡山方面から広島に向かう列車は急な下り坂に、逆に広島方面から来る列車は登り坂に直面します。この区間で、特に広島県の真ん中にある瀬野駅（広島市安芸区）から八本松駅（東広島市）の間にある、急勾配が続く区間は鉄道ファンから「セノハチ」という名前で親しまれています。

この区間を注意深く観察すると、他では見られない「ある特徴」に気が付きます。それが貨物列車の通過シーン。大きな音を立てながら、先頭の機関車が沢山の貨車を引っ張っていく訳ですが、この区間を走る貨物列車は少し様子が違います。颯爽と走り去っていった貨物列車を見てみると、何と一番後ろにもう一両

セノハチで貨物列車を後ろから押す専用の補機として開発された「EF67形機関車」。2022年3月に勇退しました。

路線ミニ情報 引退したEFの後任に就いたEF210形300番台は、セノハチ仕様に新製されました。前後どちらでも後押しが可能になっており、車体側面に配した2本の黄色いラインが特徴です。

機関車が繋がっているのです。

　貨物列車は貨車の前に一両機関車を繋いで牽引するのが一般的ですが、この区間では勾配が急すぎるあまり、なんと貨車の後ろにも補助の機関車を繋いで走行しているのです。勾配に立ち向かう工夫が感じられる、現在では珍しい走行方法といえるでしょう。昔の機関車は今ほどの出力を持っていなかったので、蒸気機関車が走っていた時代もこのように先頭の機関車＋貨車＋補助の機関車という光景が見られました。

　この〝機関車のサンドイッチ〟ともいえる走り方は、登り勾配のついた広島方面から岡山方面までを走る上り線でのみ見られます。広島駅に隣接する広島貨物ターミナル駅で補助機関車を連結し、セノハチ区間を登り切った後、広島県の西条駅で補助機関車は切り離されます。坂を下っていく下り線では補助機関車を繋がないため、1両でトボトボと広島貨物ターミナル駅に帰っていく補助機関車が隠れた名物。頻繁に見られますので、この区間を移動する際には注目して頂ければと思います。

　また、現在では行われていないのですが、2002年頃まではこの補助の機関車を「走っている最中に切り離す」というサーカス団もびっくりの光景が見られました。YouTubeなどで検索してもらうと当時の貴重な映像が見られるかと思うのですが、突然補助機関車が切り離されて、線路上に取り残されてしまうという、一見アクシデントにも見えそうな切り離し方法も行われていました。

　かつては関西から九州を結ぶ特急列車や寝台列車もたくさん往来し、セノハチに挑むさまざまな列車達を見ることができましたが、山陽新幹線の開業などにより、セノハチを走る列車のほとんどが普通列車になっています。時代が進むにつれて、走りやすい線路が新たに敷設されたことで、速達化も随分と進みました。

　山陽本線を通る際には、今も続く、速達化の歴史を色濃く残したセノハチに注目し、歴史に思いを寄せてみるのもいいかもしれません。

現在セノハチの主役、EF210。通称「桃太郎」。

DATA

所在地／広島県東広島市、広島市安芸区
開通／1894(明治27)年6月10日
管理／JR西日本
駅間／山陽本線「瀬野駅」～「八本松駅」
区間距離／10.6km
標高／347m
勾配／瀬野駅から八本松駅に向かって22.6‰の連続急勾配(上り線)
架線／ツインシンプルカテナリー式(上り線)

伝説！

瀬野～八本松周辺の見どころ

自然美と文化の魅力が融合した魅力的なエリア。四季折々の美しい風景や伝統的な街並みなど、鉄道ファンならずとも、多彩な楽しみ方ができます。

❶東広島市立美術館

「暮らしとともにあるArt、生きる喜びに出会う美術館」をコンセプトに、「近現代版画」「現代陶芸」「郷土ゆかり」を中心としたコレクションを保有しています。展覧会に関連した講演会やワークショップ、学芸員などによる美術館講座などのイベントも積極的に行っています。

所在地／広島県東広島市西条栄町9-1
電話／082-430-7117

撮影スポット

八本松駅から西へ3kmほど進んだ場所にある「番堂原第4踏切」では、緩やかなS字カーブに沿って、16.7‰の勾配を登る貨物列車を撮影できます。

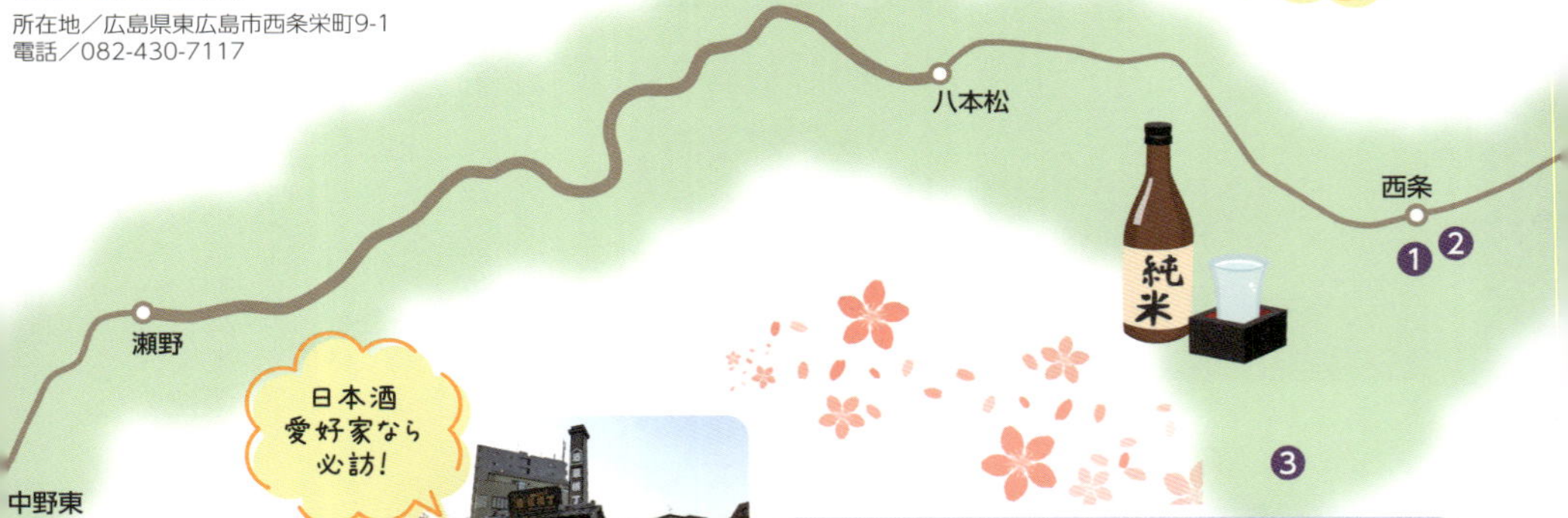

❷西条酒蔵通り

「酒都西条」は、気候と地下水の恵みが生み出した銘醸地です。通りには赤レンガの煙突やなまこ壁、西条格子などの風情ある建築が立ち並び、酒蔵見学や試飲体験などを楽しむことができます。

所在地／広島県東広島市西条
電話／082-421-2511（西条酒蔵通り観光案内所）

❸鏡山公園

国史跡、鏡山城跡の麓にある自然と歴史が交錯する美しい公園です。山頂からは展望が広がります。東広島屈指の桜の名所としても知られ、満開の桜の花が公園一帯を彩ります。

所在地／広島県東広島市鏡山2丁目
電話／082-420-0955（東広島市 都市整備課）

足を伸ばして

写真提供:一般社団法人広島観光連盟

平和記念公園

1955(昭和30)年に完成。「原爆死没者の慰霊と世界恒久平和の願いをこめて開設された公園です。広さは122,100㎡で、公園内にはG7サミットで注目された広島平和記念資料館や原爆ドームなどがあります。

所在地／広島県広島市中区中島町1及び大手町1-10
電話／082-504-2390
(広島市 都市整備局緑化推進部緑政課)

写真提供:一般社団法人広島観光連盟

マリーナホップ

2005(平成17)年、広島市西区にオープンしたショッピングモール。レストランや水族館、さまざまなアトラクションを備えた総合レジャー施設となっており、ライトアップされた観覧車はシンボル的存在です。

所在地／広島県広島市西区観音新町4-14
電話／082-503-5500

伝説！

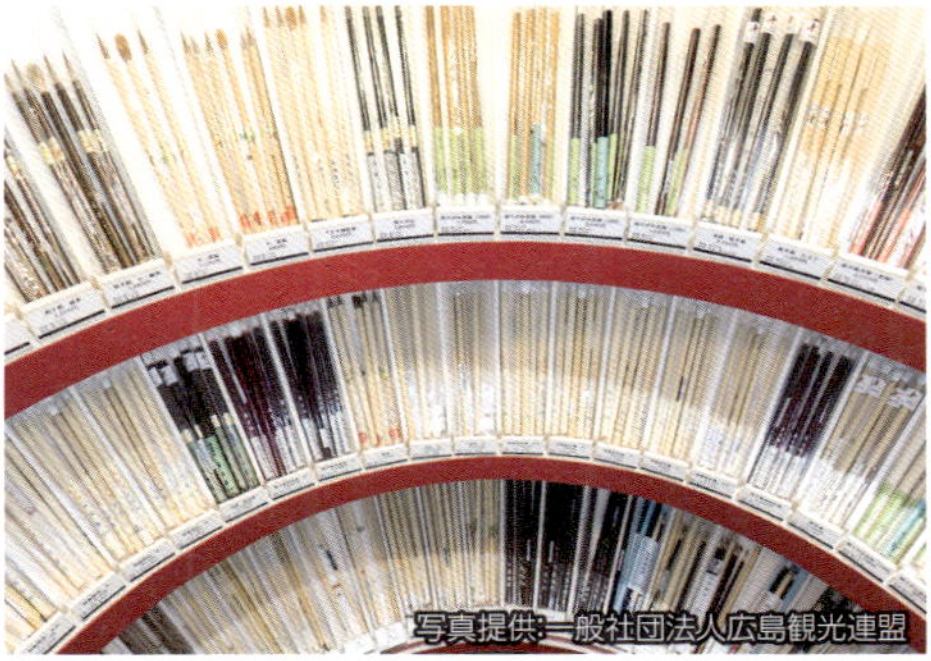

写真提供:一般社団法人広島観光連盟

筆の里工房

写真提供:一般社団法人広島観光連盟

伝統的工芸品に指定されている「熊野筆」。熊野町は筆の都とよばれる日本最大の筆の生産地です。筆の里工房は筆をテーマにした博物館で、1994(平成6)年にオープン。筆の歴史と文化を紹介する展示のほか、セレクトショップなども併設されています。

所在地／広島県安芸郡熊野町中溝5-17-1
電話／082-855-3010

写真提供:一般社団法人広島観光連盟

絵下山公園

標高593mの絵下山は、市内屈指の展望スポット。山頂付近の展望台からは、広島の中心部や広島湾の島々などの大パノラマが広がります。夜間は広島市内の夜景や、ライトップされた施設なども楽しめます。

所在地／広島県広島市安芸区矢野町
電話／082-821-4921(安芸区役所維持管理課)

沿線注目グルメ

レモン鍋

写真提供:一般社団法人広島観光連盟

国産レモンの生産量が日本一の広島県。なんと全国生産量の半分近くが広島なのです。そのレモンを使った「レモン鍋」はいまや広島を代表する名物料理のひとつとなりました。女性にオススメのヘルシーな広島グルメです。

Event

呉港艦船めぐり

呉は、神奈川県の横須賀と並ぶ海上自衛隊の主要な基地です。海上自衛官OBの解説付きの軍港クルージングは、所要時間約35分。護衛艦や潜水艦など多彩な艦船を間近で見ることができます。

所在地／広島県呉市宝町4-44
呉中央桟橋ターミナル1階フロア
電話／082-251-4354

写真提供:一般社団法人広島観光連盟

Railway Column 5 伝説!

日本を走った伝説のオリエント急行!

夢の豪華列車として知られた「オリエント急行」。かつてはヨーロッパ大陸を横断していましたが、日本でも伝説を残しているのです。

19世紀後半からヨーロッパを走行した長距離列車「オリエント急行」は、ヨーロッパとオリエントを結ぶ豪華長距離夜行列車として2009(平成21)年まで走り続け、鉄道ファンのみならず憧れの的となっていました。

実はこのオリエント急行、「オリエント・エクスプレス '88」と称して日本を走ったことがあるのです。1988(昭和63)年、フジテレビの開局30周年とJRグループの発足一周年を記念して行われたこのイベントは、「オリエント急行を日本まで走らせよう」というとんでもない企画でした。当初は“荒唐無稽”“夢物語”とされていましたが、関係者の努力やJR民営化などのタイミングにも恵まれ、構想から5年余、多くの難関を乗り越えて、1988年の9月、パリ発東京行きのオリエント急行が出発しました。

コースは、パリのリヨン駅からベルギー、東西ドイツ、ポーランド、ソ連、中国を経由し、香港からは船で日本へ(国名は当時)。陸揚げされたオリエント急行は広島駅から一路東へ向かい、東京駅に入線したのです。走行距離は1万5,494kmにおよび、「世界最長距離列車」としてギネス世界記録に認定されました。

その後、オリエント急行を利用した日本国内ツアーがJR各社の主催で行われ、各地を走るオリエント急行を一目見ようと、多くのファンが集まりました。

この時日本を走った車両のうちの一両は、現在神奈川県箱根町の箱根ラリック美術館に展示されています。

箱根ラリック美術館では、フランスのガラス工芸家、ルネ・ラリックが内装を手がけた豪華列車でティータイムを楽しめます。

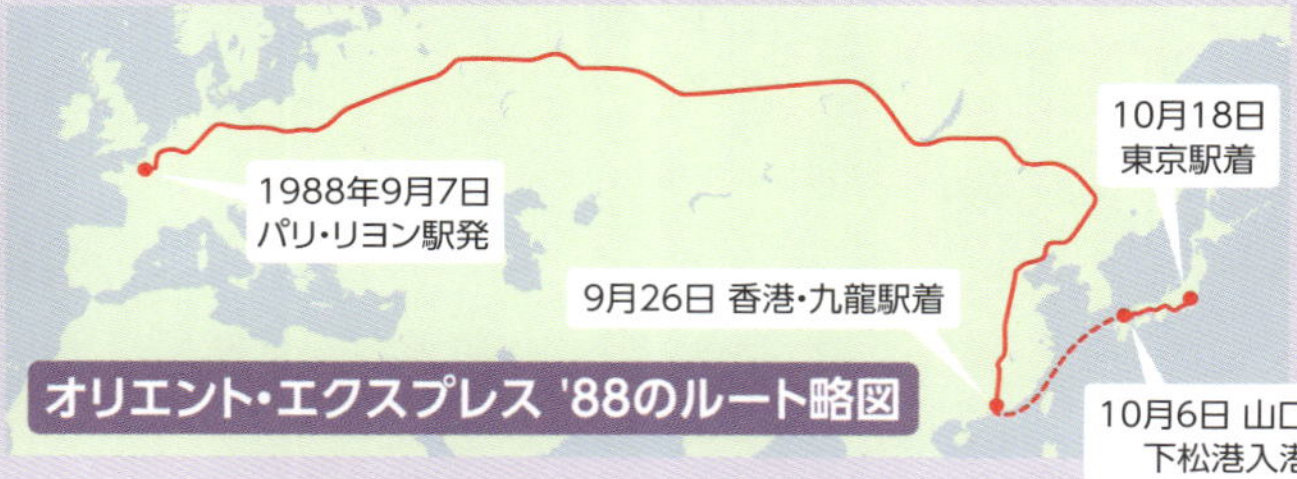

オリエント・エクスプレス '88のルート略図

Japan’s amazing railways

第6章

駅!

夕日の名所としても知られ、海に沈む太陽を駅舎から眺めることができます。

駅！

青春18きっぷのポスターで有名。海が近い絶景駅

JR予讃線「下灘駅」

皆さまはJRの駅構内で「青春18きっぷ」のポスターを目にしたことがあるでしょうか？ JR全線の普通列車が乗り放題になる「青春18きっぷ」は、鉄道旅を象徴する大人気の切符だけあってシーズンになると旅情あふれるポスターが製作されます。そこには絶景の中を列車が走る写真が掲載されており、これをチェックするのが鉄道ファンの恒例行事。そんな青春18きっぷのポスターに、かつて3年連続で採用されたことがある日本屈指の絶景駅をご紹介します。

それが、JR四国の予讃線にある「下灘駅」。この駅の醍醐味は、何といってもホーム上から一望できる伊予灘のオーシャンビュー！ この景色を見ずして四国旅行を語ることはできないといっても過言ではありません。

この区間では沿岸部ギリギリまで予讃線の線路が伸びており、横を並走する国道378号線と比べて高さがありますので、ホームの奥にはインフィニティプールのような遮る物のない一面の海が広がります。駅舎側からカメラを構えると、海をバックにのどかな無人駅に滑り込む列車を撮影することができるという、〝完成されすぎた構図〟で誰が撮ってもプロカメラマンの仕上がりになること間違いなし！ ついつい連写してし

改修はされているものの、開業当初からの駅舎です。中に入ると窓口も残されており、下灘駅の絶景を映した写真やポスターがたくさん飾られています。

路線 ミニ情報

予讃線のうち、向井原～伊予長浜～伊予大洲間は「愛ある伊予灘線」と愛称が付けられています。この路線には観光列車「伊予灘ものがたり」が走り、下灘駅にも10分程停車します。

まいます。

じつはこの駅、以前は「日本で一番海に近い駅」だった過去があります。現在並走している国道378号線はかつて海面であった場所が埋め立てられて開通しており、それまではホームの下にまで波が打ち寄せるほど海に近かったのだとか。現在でも相当海に近い所を走っていますから、驚くばかりです。最近ではインスタ映えの聖地としても有名で、ホームに降り立つと無人駅らしからぬお客さんの数に圧倒されます。近くの道後温泉を楽しみつつ、下灘駅から瀬戸内海に沈む夕日を眺めるのがおすすめのモデルコースです！

DATA

所在地／愛媛県伊予市双海町大久保
開業／1935(昭和10)年6月9日
所有／JR四国
所属路線／予讃線
駅構造／地上駅
ホーム／単式ホーム1面1線
乗降客数／76人/日(2021年)
改札／なし(無人駅)

西 Saionji YouTuber

【絶景】降りたくても降りられない!?※海に近すぎる駅に行ってみた

ずっと行ってみたかった下灘駅に向かいます。松山駅から9駅先、約45分で着きますが、本数が少ないので注意。1両編成のディーゼルカーに乗って出発です。

駅に到着すると、穏やかな海が見えます。空と海の境界が分からない、吸い込まれるような青さが風情を感じます。

開業当初は終着駅で、1面2線の島式ホームだったそうです。よく見れば線路のない側にも白線があります。ホームも結構長いので、昔は両数の多い列車が発着していたのかも。

景色の綺麗さと同じくらい驚いたのは、人の多さ。20人くらいが代わる代わる撮影しており、「写真撮りましょうか」と声を掛け合って、大変和やかな空気が流れていました。

※駅から海に降りられないという意。駅に降車は可能です。

ココが凄い！

地元住民による美化活動

注目され始めた頃は整備する人もおらず荒れた駅舎でした。そこで地元の「日喰老人会」が発起し、四季の花を植え、交流ノートを設置。ゴミひとつ無い駅舎に保たれています。

数々の作品のロケ地・聖地に!

アニメ『猫物語(黒)』のオープニングや、ドラマ『HERO 特別編』、映画『男はつらいよ 寅次郎と殿様』など、たくさんの作品で下灘駅の景観美が活用されています。

日本全国絶景駅

列車を降りた瞬間に絶景が飛び込んでくる駅は、全国にまだまだあります。流氷に、海や山、川、田園風景、そして夜景…。あなたは何に心を動かされますか？ 写真では伝えきれない感動の景色を、ぜひその目で確かめに行ってみてください。

❶驫木駅（JR東日本 五能線）

白波が立つ日本海をバックに、昭和の風情漂う木造の駅舎だけがぽつんとたつ秘境駅。夕焼けも美しく、陽が沈み刻々と色が変わる空や日本海が、視界いっぱいに広がります。

所在地／青森県西津軽郡深浦町驫木扇田

❷雨晴駅（JR西日本 氷見線）

景勝地「雨晴海岸」の最寄り駅。ちらりと覗く富山湾の向こうには立山連峰があり、11月～3月には山肌にきれいな雪化粧を施した姿を見ることができます。

所在地／富山県高岡市渋谷

❹日立駅（JR東日本 常磐線）

地元の建築家がデザインしたガラス張りの駅舎が特徴的で、ブルネル賞に輝きました。ガラスの向こうには太平洋が広がり、美しい朝日を眺められる場所としても人気です。

所在地／茨城県日立市幸町1-1

❸姨捨駅（JR東日本 篠ノ井線）

山の中腹に位置し、スイッチバックを実施する数少ない駅。眼下には善光寺平が広がり、日本三大車窓や夜景遺産の駅にも選ばれるほどの絶景が見渡せます。

所在地／長野県千曲市八幡

まだある絶景駅情報

⑧吉沢駅（由利高原鉄道 鳥海山ろく線）
山と川、田園が広がる里山風景が郷愁を誘います。

⑨湯野上温泉駅（会津鉄道 会津線）
茅葺きの駅舎と、周囲の自然が風情を感じさせます。

⑩青海川駅（JR東日本 信越本線）
冬には波しぶきが届くほど、日本海に最も近い駅。

⑪保津峡駅（JR西日本 山陰本線）
保津川の真上に位置し、渓谷美を見渡せます。

⑫餘部駅（JR西日本 山陰本線）
橋上から余部湾や閑静な集落を見下ろせます。

❻大三東駅（島原鉄道 島原鉄道線）

日本一海に近い駅のひとつ。屋根や柵もない開放的なホームから見渡せる有明海に、島原鉄道の黄色い列車や、ホームにはためく「幸せの黄色いハンカチ」が映える話題の駅です。

所在地／長崎県島原市有明町大三東丙

❺奥大井湖上駅（大井川鐵道 井川線）

ダム湖に架かる「奥大井レインボーブリッジ」の中央にあり、観光用に作られました。湖の上に浮かんでいるような駅からは、大井川や山々が作り出す迫力の景観を見渡せます。

所在地／静岡県榛原郡川根本町犬間

❼西大山駅（JR九州 指宿枕崎線）

JR日本最南端の駅で、一面に広がる田園の向こうに、開聞岳がそびえます。12月中旬からは菜の花、8月頃にはひまわりが駅周辺を埋め尽くし、より華やかな景色に。

所在地／鹿児島県指宿市山川大山

駅付近で、JR九州の大分支社と宮崎支社に管轄が分かれ、運行系統も大分側と宮崎側で異なっています。

駅！

一日に停まる列車はわずか三本！

日豊本線「宗太郎駅」

皆さまも終電で家路につかれたことが一度はあるかと思います。飲み会の後や、旅行帰りなど、意外とお客さんの数も多く、皆を程よい眠気が襲う独特の雰囲気がありますよね。そんな中、日本にはとんでもない時間に終電が出発してしまう駅があるのです。それが九州・日豊本線にある「宗太郎駅」です。大分県と宮崎県の県境近く、大分県側に位置するこの駅から、宮崎県方面に向かう列車の終電は何と朝の6時54分！ この列車を逃すと次の列車は24時間後、翌日の朝6時54分までありません。始発列車が最終列車も兼ねており、1日1本の設定しかないのです。反対方面に向かう列車も朝の6時39分発と20時35分発の2本しか設定がありません。

大分県と宮崎県を隔てるように存在する宗太郎峠は、日豊本線でも随一の難所として知られており、この区間は「宗太郎越え」として鉄道ファンにもかなり有名なスポットになっています。最急勾配は20‰にも達し、40個近いトンネルによって貫いている区間に存在する駅ということもあって、ほとんどの普通列車は宗太郎越えに挑むことはせず、大分県側は佐伯駅で、宮崎県側は延岡駅でそれぞれ折り返してしまうのです。特急列車は多数走っていますが、宗太郎駅を通過しますので、青春18きっぷ利用客にとってはこれほどまでの難関はありません。日本有数の秘境駅だけあって、平均乗車

宗太郎駅を通過するJR九州の787系

路線ミニ情報　駅の開設は1923(大正12)年です。当初は信号場でしたが1947(昭和22)年に駅に昇格。1972(昭和47)年、無人駅となりました。

人員の数は、ものすごく少ないのではと想像してしまいます。宗太郎駅から列車に乗り込むだけで平均値を揺るがすことができてしまいそうです。ホーム上には秘境駅おなじみの「駅ノート」が設置されており、旅人が思い思いのメッセージを記しています。

私ももちろんこの宗太郎駅に訪れた経験があるのですが、一生忘れないであろう大失態を犯してしまいました。何とあろうことか、宗太郎駅で日本一早い終電を逃してしまったのです。ほとんどの方には必要のない情報だと思いますが、この宗太郎駅からの脱出方法も一応記しておきます。

実はこの宗太郎駅は秘境駅としては珍しく、大きな道路に面しているという特徴があります。大抵の秘境駅であればそもそも道が面していなかったり、車が通れないような険しい道であることが多いですが、この駅に関しては国道10号が日豊本線と並走するように伸びているので、車であれば比較的容易に到達することが可能です。ですから、タクシーなどの車を呼ぶか、公共交通機関ですと、曜日限定（火・水・金）にはなりますが、徒歩で約3.5㎞歩いて自力で県境を越えて頂くと「鐙（あぶみ）」というバス停がありますので、そこからコミュニティバスで「北川町総合支所」まで乗車すると、列車では行けないはずの宮崎県・延岡駅に向かうバスに接続があり、乗り換えることができます！

ただ、コミュニティバスが走っていない日は申し訳ありませんが、延岡駅まで県境越えハイキングをお楽しみ頂くことになってしまいそうです。くれぐれも終電の時間にはお気をつけて、秘境駅観光を楽しまれることを願っております。

DATA

所在地／大分県佐伯市宇目大字重岡
開業／1947(昭和22)年3月1日
所有／JR九州
所属路線／日豊本線
駅構造／地上駅
ホーム／相対式ホーム2面2線
乗降客数／1.06人/日(2015年)
改札／なし(無人駅)

【脱出】スーパー秘境駅・宗太郎で終電を逃すとこうなります…

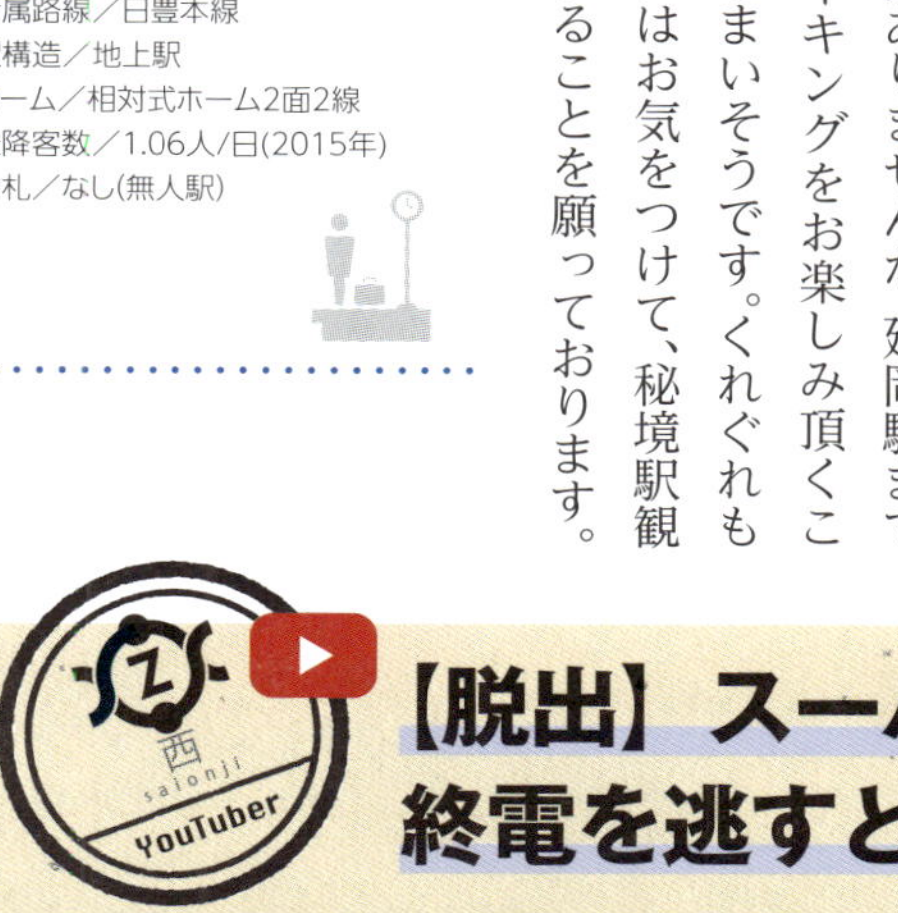

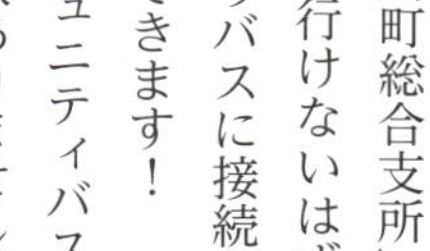

朝一で延岡駅か佐伯駅に居ないと宗太郎には来れません。鳥のさえずりが響くこんな素晴らしい場所にせっかく来たので、終電を逃していきたいと思います。

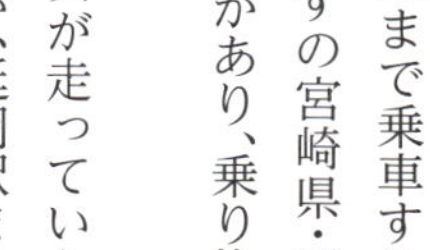

歩いて秘境駅を脱出。徒歩30分程で大分と宮崎の県境をまたぐことができました。さらに15分程歩くと、「鐙」というバス停に到着。バスを乗り継いで延岡駅を目指します。

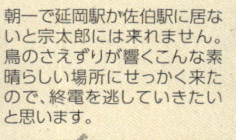

神戸線・京都線・宝塚線各3線が発着する頭端《とうたん》式ホーム。

写真提供:阪急電鉄

駅!

マルーン色の列車が壮観!
日本最大の頭端式ターミナル

阪急電鉄「大阪梅田駅」

日本にはたくさんのターミナル駅が存在します。東京駅や上野駅、函館駅…。鉄道路線の末端に位置するターミナル駅には行き止まり式のホームが存在し、旅情を掻き立てます。そんな中で、日本最大の規模を誇る頭端式ターミナル駅をご存じでしょうか? それが阪急電鉄の「大阪梅田駅」です。阪急の主要路線である神戸線・京都線・宝塚線の列車が乗り入れており、驚愕の10面9線の規模を誇ります。ターミナル駅を象徴するような構造で、平面上に列車がずらっと並ぶ様は圧巻。SDカードの容量がいくらあっても足りません。ホームの数や、利用客数でこの駅を超えるターミナル駅も存在しますが、大阪梅田駅以上に列車が横に並ぶ駅は存在しないのです。

1日約35万人の利用客の中にはただ列車に乗るわけではなく、”駅“に入ることを目的に来られた方も多くいらっしゃいます。入場券は大人160円ですから、こんなにコスパの良い観光スポットは存在しません。関西のガイドブックになぜ1面で紹介されないのかが長年の謎です。ここからは、日常的にこの駅を利用する大阪梅田ヘビーユーザーの私から見た”日本最大のターミナル“の楽しみ方をご紹介します。

まずこの駅を訪れた際にぜひ見て頂きたいのが、「3線同時発車」です。この

写真提供:阪急電鉄

一大ターミナルだけあって改札機の数も多く、計84台もの改札機が設置されています。

路線ミニ情報

1910(明治43)年の開業以来、「梅田駅」の駅名で貫いてきましたが、2019(令和元)年10月から「大阪梅田駅」に改名。JR大阪駅と同じエリアにあると周知するため、都市名を冠しました。

駅に乗り入れている3路線の内、神戸線の特急・京都線の特急・宝塚線の急行と各路線の優等種別が同時に出発していく光景がこの駅では日常的に見られます。基本的に各路線のダイヤは独立して編成されている訳ですが、日中はそれぞれ10分間隔で優等列車の設定があり、3つの列車が並走するように発車していくのです。これは日本中どこを探しても見られる光景ではありません。阪急伝統のマルーン色の列車がそれぞれの方面に走っていく様は、感動を超えてもはや芸術です。お隣の十三駅辺りまで3つの列車は並走しますので、列車に乗った際にはどの列車が先に着くのか注目してみるといいかもしれません。余談ですが、この並走を利用して別の列車同士で友達とジャンケンをしたこともあります。意外と難しく、苦戦したのでもうやりたくはありませんが。

そして、この駅の構内にはとても眺めのいいカフェ・タリーズコーヒーが入っており、目まぐるしい人の動きや沢山の列車を見ながら、ゆっくりと飲み物などを楽しむことができます。知る人ぞ知るスポットになっており、特にカウンター席からの景色が凄い！ 歩き疲れた際や待ち合わせにもとてもおすすめです。

また、大阪梅田駅には「幻の発車案内」というものが存在します。終電前にだけいつもは流れない特別な音楽が流れる、という都市伝説のような話なのですが、これは本当。各路線の終電が出発する約5分前から、それぞれ「第三の男」というビールのCMでおなじみのメロディーが鳴り響くのです。終電を逃すともう列車に乗る事はできませんので、乗り過ごし防止の意味も込めて、とても長い音楽をもって1日の営業を終えるわけです。阪急電鉄の粋な気遣いが感じられる瞬間です。

DATA

所在地／大阪府大阪市北区芝田一丁目1番2号
開業／1910(明治43)年3月10日
所有／阪急電鉄
所属路線／神戸線、宝塚線、京都線
駅構造／高架駅
ホーム／頭端式ホーム10面9線
乗降客数／349,521人/日(2021年通年平均)
改札／3か所(3階改札、2階中央改札、茶屋町口改札)

Event

梅田ゆかた祭

日本固有の文化やライフスタイルをテーマとし、"梅田の夏の風物詩"を目指して2012年から始まったお祭り。盆踊りや打ち水など、夏を満喫できるさまざまなイベントが行われます。

UMEDA MEETS HEART

“梅田の冬の風物詩”を目指し、2020年から始まったイベント。ハートやイルミネーションに彩られた街で、クリスマスマルシェやステージなどを通じて梅田の魅力を再発見するきっかけを作ります。

写真提供:梅田地区エリアマネジメント実践連絡会

大阪梅田駅周辺の見どころ

「キタ」とよばれる大阪屈指の繁華街の大阪梅田駅周辺には、大阪のグルメ文化やショッピングが楽しめるエリアのほか、道頓堀エリアも近く、大阪の魅力を体感することができます。

❶タリーズコーヒー　阪急大阪梅田駅3F店

阪急の大阪梅田駅の改札内にあり、窓際のカウンター席に座ると、目の前に阪急電車がズラリと並ぶ光景が! 朝7時から営業しています。

所在地／阪急「大阪梅田駅」3階改札内、京都線乗り場側
電話／06-6376-5502

❷HEP FIVE観覧車

いまや梅田のランドマークとなった複合商業施設「HEP FIVE」の赤い観覧車。23時まで営業(搭乗は22時45分まで)しており、上空106mから大阪の夜景が楽しめます。

所在地／大阪府大阪市北区角田町5-15
電話／06-6366-3634

❸梅田イス

2018年に誕生した文字モニュメントで、「田」の字がベンチになっています。HEP FIVE前の阪急サン広場にあり、フォトスポットとして人気です。

所在地／大阪府大阪市北区角田町8-47阪急サン広場

❹ホワイティうめだ

地下鉄梅田駅と直結の地下街、通称「ウメチカ」。周辺の地下街とともに日本屈指の大地下街を構成しています。待ち合わせの定番が「泉の広場」で、1970(昭和45)年以来、数度のリニューアルを経て現在の姿になっています。

所在地／大阪府大阪市北区小松原町 梅田地下街
電話／06-6312-5511

❺水の時計

時刻だけでなく、楽器や花々などの絵柄や文字などが、スペーススプリンターという技術によって落ちてくる水で表示されます。米CNNが2014年に「世界でもっとも美しい時計12」に選出。

所在地／大阪府大阪市北区梅田3-1
大阪ステーションシティ「南ゲート広場」

❻曽根崎お初天神通り商店街

「曽根崎心中」で知られる露天神社にほど近い、終戦直後から続く商店街です。多くの飲食店が軒を並べ、梅田周辺の食事処として昼夜を問わず地元に通うビジネスマンなどで賑わいます。

所在地／大阪府大阪市北区曽根崎2丁目周辺
電話／06-6311-7622

足を伸ばして

新世界

大阪のシンボルタワー通天閣に、串カツ屋やどて焼き屋など約50店舗が軒を連ねるジャンジャン横丁などで有名な大阪市南部の下町。昔ながらの大阪の雰囲気を味わえる、人気観光地です。

所在地／大阪府大阪市浪速区
恵美須東2丁目

海遊館

世界最大級の巨大水族館。雄大に泳ぐジンベエザメをはじめ、フォトジェニックなクラゲの水槽「海月銀河」など見どころたくさん! 冬には幻想的なイルミネーションが灯ります。

所在地／大阪府大阪市港区海岸通1-1-10
電話／06-6576-5501

大阪城

豊臣秀吉によって築城された、日本三大名城のひとつ。大阪城の歴史にかかわる豊富な文化財を収蔵し、内部の展示室において随時入れ替えを行ないながら公開しています。

所在地／大阪府大阪市中央区大阪城1-1
電話／06-6941-3044

View spot

ホテル阪急インターナショナル トレインビュールーム確約宿泊プラン「阪急電車といっしょ」

阪急電車型のチョコレートケーキがルームサービスで用意されるプラン!

全客室が26階以上の高層階にあり、西側の客室から大阪梅田駅が一望できるのが鉄道ファンに人気。NHKの「鉄オタ選手権」でも紹介されました。

所在地／大阪府大阪市北区茶屋町19-19
電話／06-6377-2100

ミニ情報

●「大阪梅図」

阪急電鉄の切符にある「梅田」の字、よく見ると「梅図」となっています。これは改札で駅員さんが、ほかに5つある「園田」「池田」「富田」「吹田」「山田」の各駅とひと目で見分けるための工夫だったそうです。

●第1回近畿の駅百選

「鉄道の日」を記念して2000(平成12)年から4年間で毎年25駅ずつ選定された近畿地方の鉄道駅。「大阪梅田駅」(当時は梅田駅)はその1回目で選ばれました。

Activity SAORI 豊崎長屋

好きな糸を選んで自分の思うように織る「さをり織り」を体験ができる、明治時代の長屋を改装した体験工房です。世界で一つだけのマフラーを作ってみましょう。

体験料1100円+材料費(1500円～2000円ほど)

所在地／大阪府大阪市北区豊崎1-7-2
電話／06-6376-0410

周辺注目グルメ

阪神名物 いか焼き

1957(昭和32)年から続くお店で、「いか焼き」は秘伝のダシとメリケン粉、刻んだイカ下足を練り合わせ、一気に焼き上げた独特のもちもち感が絶品のメインメニュー。このほか玉子の入った「デラバン」や「ネギいか焼き」などバリエーション豊かないか焼きが楽しめます。

所在地／大阪府大阪市北区梅田1-13-13
阪神梅田本店 B1F スナックパーク
電話／06-6345-1201(百貨店代表)

フェルム ラ・テール美瑛

関西初上陸、北海道発の洋菓子店。驚くほど分厚い「生バターサンド ジャージーミルク」は、阪急うめだ本店でしか買えません。美瑛町の素材を使用しており、とろりとあふれるジャージー牛乳のクリームと、サブレのほろほろ食感がたまらない逸品です。

所在地／大阪府大阪市北区角田町8-7
阪急うめだ本店地下1階
電話／06-6313-1411

駅!

地下の待合室にある、ホームへと繋がる鉄扉。

写真提供：北越急行

駅！

待合室は畳敷き。防風扉のある地下駅！

北越急行「美佐島駅」

日本に数ある秘境駅の中でも、ほかではなかなか見られない特異な構造を持つ駅があります。それが新潟県十日町市にある、北越急行ほくほく線の「美佐島駅」。豪雪地帯として知られる地域に位置するこの駅に行ってみると、一見どこにでもあるような駅舎が目に飛び込んでくるのですが、中に入ると雰囲気が一変します。

この駅はホームが地下約10mに存在する〝もぐら駅〟です。ホームへ向かうべく下へと続く階段を降りると、その先には何やら厳重に閉ざされた金属製の扉が！ どう考えても〝駅のホーム〟の佇まいではありません。まるで実験施設のような雰囲気で、一人で訪れると少し不気味です。ふんだんに木材が使われた、暖かい雰囲気の駅舎とは違う世界に来たかのよう。金属製の扉に近づくと、音を立てながら自動で開きます。すると小さな空間が広がっているのが確認できます。ここは待合室になっており、すぐ先にホームが見えるのですが、ここにももうひとつ金属製の扉があり、封鎖されているという超厳重っぷり。構造としては地下鉄のように地下に降りて列車に乗るという形ですが、分厚い扉２つでホームまでが閉ざされているのです。この扉は列車の到着時以外に開くことはありません。

写真提供：北越急行

赤倉トンネルの途中にホームが設けられており、列車が停車するときのみホームへの自動ドアが開く仕組みになっています。

路線ミニ情報

2007（平成19）年のほくほく線開業十周年記念として、美佐島駅を含めた全12駅に、タレント・片岡鶴太郎さんによる書と画の入った駅看板が設置されました。

異様な雰囲気の駅に驚いていると、何やら新潟弁の放送が流れ始めます。聞いていると、列車が通過するとのこと。新潟弁のアナウンス、日本語の通常アナウンス、英語のアナウンスによって列車が高速で通過する旨が繰り返し伝えられ、それに伴って「ビュー」という風の音がみるみる大きくなっていくのがわかります。「ホームには絶対に出ないでください！」というフレーズがとても印象的です。「黄色い点字ブロックの内側にお下がりください」などと聞くことはありますが、ホームに出ないでというのは、このような特殊な構造の駅でしか聞くことはできません。そして大きな音と共に2両編成の列車が通過！　なかなか他では味わうことのできないスリル体験です。列車の通過後も風の音が鳴り響きます。

列車が到着する際には音声案内とともにもちろん扉は開き、お客さんが乗り降りできますが、乗客は降車後、ホーム上に残っていては危険ですので、速やかに待合室の方に移動しなくてはいけません。カメラがありますので、「確認の上、待合室の方にお進みください」と遠隔で案内がなされます。

北越急行ほくほく線は日本有数の短絡路線として知られ、新潟県の南魚沼市から日本海沿岸の上越市をほぼ直線的に結んでいます。かつて、在来線特急はくたか号がこの区間を驚愕の最高時速１６０kmで駆け抜けていました。美佐島駅は、赤倉トンネルという10km以上続く長大トンネルの途中に位置しているためにこのような地下構造になっているわけですが、列車走行試験を行った際に、扉を開けた状態の美佐島駅を通過したところ、地上駅舎の窓ガラスが割れたのだとか。それ以降、厳重にホームまで空気の流れを制限した結果、このような“恐怖のトンネル駅”が誕生したのです。そうはいってもこの分厚い扉がなければ本当の意味での“恐怖の駅”になってしまいますから、列車が安全に走行するための素晴らしい工夫といえるでしょう。ちなみにこの2つの扉は同時に開くことがないようになっており、1つが開けば1つが閉じていることで、列車によってトンネルから押し出された空気が地上まで直接届かないようにしています。

地上の駅舎にも待合室があり、ここは畳敷きになっておりとても快適です。寝転びながら列車を待てますので、一風変わった秘境駅・美佐島をぜひ訪れてみてください。

写真提供:北越急行

無人駅ながら、手入れの行き届いた板張りの駅舎。中に「とおかまちの四大まつり」を紹介した鮮やかなパネルが並んでいます。

DATA

所在地／新潟県十日町市午
開業／1997(平成9)年3月22日
所有／北越急行
所属路線／ほくほく線
駅構造／地下駅
ホーム／単式ホーム1面1線
乗降客数／9人/日(2022年)
改札／なし(無人駅)

美佐島駅周辺の見どころ

美佐島駅のある十日町は、人と自然、そして現代アートが溶け込んだ、好奇心をくすぐる里山です。広大な棚田や、大自然が生む絶景も芸術的。温泉地も多く、雪国ならではの暮らしや文化、縄文時代の文化にもふれながら、ゆったりとした時間を過ごせます。

❶美人林

背丈の揃った約3000本のブナの立ち姿があまりにも美しいことから「美人林」と呼ばれるように。季節ごとに移り変わる圧巻の光景を一目見ようと、多くの観光客が訪れます。

所在地／新潟県十日町市松之山松口1712-2付近
電話／025-597-3442
（松代・松之山温泉観光案内所）

❷松之山温泉

有馬・草津と並び、日本三大薬湯と呼ばれ、塩分が強いため冬でも湯冷めしません。地元銘柄・妻有ポークを、温泉熱でじっくりと真空低温調理した「湯治豚」が味わえます。

所在地／新潟県十日町市松之山
電話／025-597-3442（松代・松之山温泉観光案内所）

❹十日町市博物館 TOPPAKU

縄文時代の土器文化や、弥生時代から続く十日町市の織物文化、豪雪と信濃川と共に生きてきた歴史を、遊び心あふれる展示で紹介しています。

所在地／新潟県十日町市西本町1-448-9
電話／025-757-5531

❸慶地の棚田展望台

約7haに100枚ほどの水田が連なり、展望台からは周囲の山々をも見渡せます。春・秋の田んぼに水が張られる"水鏡"の時季や、冬の雪が覆い尽くす真っ白な景観は必見です。

所在地／新潟県十日町市中条己
電話／025-757-3345
（十日町市観光協会）

❺越後妻有里山現代美術館 MonET

15の現代美術作品が常設され、ミュージアムショップも併設。地域全体が舞台となって開催される、世界最大級の国際芸術祭「大地の国際芸術祭」の拠点でもあります。

所在地／新潟県十日町市本町6-1
電話／025-761-7766

❻魚沼スカイライン

標高1,000m前後の山脈にあるドライブコース。4か所ある展望台からは、霊峰八海山など日本百名山に名を連ねる名山を見渡すことができ、条件が合えば雲海も観測できます。

所在地／新潟県南魚沼市
電話／025-783-3377
（南魚沼市観光協会）

まだある！ 全国の すごい！ 駅

もぐら駅

えちごトキめき鉄道日本海ひすいライン

筒石駅（新潟県）

写真提供：えちごトキめき鉄道

改札から下りホームまでは階段が290段、上りホームまでは280段あり、地下40mに位置します。第三セクターの地下駅としては“日本一のもぐら駅”です。

立山黒部貫光無軌条電車線

室堂駅（富山県）

立山トンネルの中、標高2,450mにある“日本最高所のもぐら駅”。法令上は「鉄道」であるトロリーバスの運行場所で、いまやトロリーバスが運行しているのは日本唯一ここだけです。

温泉のある駅

JR東日本北上線

ほっとゆだ駅（岩手県）

湯田温泉峡の玄関口。大浴場にはあわ風呂、寝風呂があり、信号機で列車が近づいたことを知らせてくれます。

JR東日本石巻線

女川駅（宮城県）

国内でも珍しい「海の見える“終着駅”」でもあり、駅舎前に足湯、2階に女川温泉が。3階の展望デッキからは、女川の町や駅に入線してくる列車を眺めることができます。

外観がすごい駅

JR九州久大本線

田主丸駅（福岡県）

田主丸に数多く伝えられるカッパ伝説にちなんだ駅舎。構内のカフェ「KAPATERIA」では、地元食材を使った軽食やスイーツのほか、特産品を販売しています。

北越急行ほくほく線

くびき駅（新潟県）

写真提供：北越急行

全国でも初めての半卵型の宇宙船型駅舎は、世界的建築家の毛綱毅曠氏が設計。駅内部も宇宙空間のような、インパクトある作りをしています。

小田急電鉄江ノ島線

片瀬江ノ島駅（神奈川県）

竜宮城を模した駅舎。江ノ島に伝わる「五頭竜と天女の伝説」をイメージした装飾を施し、江ノ島水族館とのコラボレーションでクラゲの水槽が設置されています。

JR東日本五能線

木造駅（青森県）

亀ヶ岡石器時代遺跡から出土した遮光器土偶「しゃこちゃん」の形をした迫力ある駅です。土偶本体は、目を点滅させて電車の発着をお知らせしてくれます。

駅！

能勢電鉄「山下駅」

折り返して2連続で停車する日生中央駅行き列車

阪急電鉄の車両を受け継いでおり、車両の色はマルーンカラーに統一。 写真提供：能勢電鉄

私鉄王国と言われる関西には個性豊かな列車がたくさん走っています。そんな中で私も「何これ!?」と驚愕した列車をご紹介します。

それが〝同じ駅に2回連続で停車する列車〟。

阪急宝塚本線に接続するように川西能勢口から伸びている能勢電鉄には、妙見口までを結ぶ妙見線と途中の山下から分岐して日生中央駅まで結ぶ日生線があります。このうち日生線で走っているのが「山下発山下経由の日生中央行き」という嘘みたいな列車です。「何を言っているんだ」と思われるかもしれませんが、これはまったく誇張ではなく、列車は文字通り山下でお客さんを乗せた後、ふたたび山下に入線して扉を開き、またお客さんを乗せて日生中央まで走るという運行方法をとります。

日生線では、日生中央からそのまま直通して川西能勢口方面に向かう列車の他に、山下までを折り返す列車の設定があり、この折り返し運用を行う列車が世にも珍しい運行方法をとっているのです。

まず日生中央から来た山下行の列車は、山下駅2号線に入ります。ここで日生中央方面から来たお客さんを降ろすわけですが、このホームは向かい側の3号線に降り立った乗客の乗り換え機能も果たしています。列車は川西能勢口方

能勢電鉄全15駅のうち、12駅が無人駅。貴重な有人駅である山下駅では、「駅務機器遠隔操作システム」で各駅を一括管理しています。

路線ミニ情報

能勢電鉄の駅名標は、緑色が基調。沿線にちなんだイラストとひらがなの文字に統一されていて、子どもにもわかりやすいデザインと評判です。

面から来たお客さんを受け入れて一度扉を閉めます。本来であれば一度扉を閉めた列車に乗ることは不可能ですが、この列車は違います。ゆっくりと反対方向に走り始めると、渡り線を通って日生中央方面の線路に転線し、まるで忘れ物をしたみたいに山下駅に戻って来るのです。ここでも扉を開き、１号線のお客さんを受け入れて、何事もなかったかのように列車は出発して行きます。これはトラブルなどではなく、事実、山下駅２号線での出発案内では備考欄に〝(山下駅)１号線経由、日生中央行〟と一見意味不明な案内がなされています。

なぜこのような特殊な運行形態になっているかということなのですが、それには１９９７年に走り始めた特急〝日生エクスプレス〟という列車が関係しています。日生エクスプレスは阪急宝塚線における最優等種別で、通勤時間帯に大阪梅田と日生中央を直通運転しており、この列車は８両編成になっています。

しかし、この列車が走るまでは山下駅のホーム長が８両編成に対応したものとはなっておらず、運行開始に伴ってホーム拡張工事が行われたと言う経緯がありました。拡張以前は日生中央方面に反対線路に転線するための渡り線がありましたが、スペースの関係上、それを設置することができず、苦肉の策として反対方向である川西能勢口方面の渡り線で転線することになったのでした。

その結果、この駅で折り返すためには２度ホームを通る必要が出てきて、乗り換え客の負担やホームの混雑を考慮して〝同じ駅に２回連続で停車する列車〟が誕生した訳です。

乗客を乗せたまま同駅内で方向転換するのは、全国的に見ても極めて珍しく、鉄道ファンのみならず親子連れにも人気でしたが、２０２２年のダイヤ改正で、現在は早朝５時台と深夜23時台のみの実施となりました。日中の運行がないレア列車ですが、幻となる前にぜひ体験してみてはいかがでしょうか。

DATA

所在地／兵庫県川西市見野1-19-1
開業／1923(大正12)年11月3日
所有／能勢電鉄
所属路線／妙見線、日生線
駅構造／高架駅
ホーム／島式+相対式ホーム3面4線
乗降客数／5,760人/日(2023年)
改札／1か所

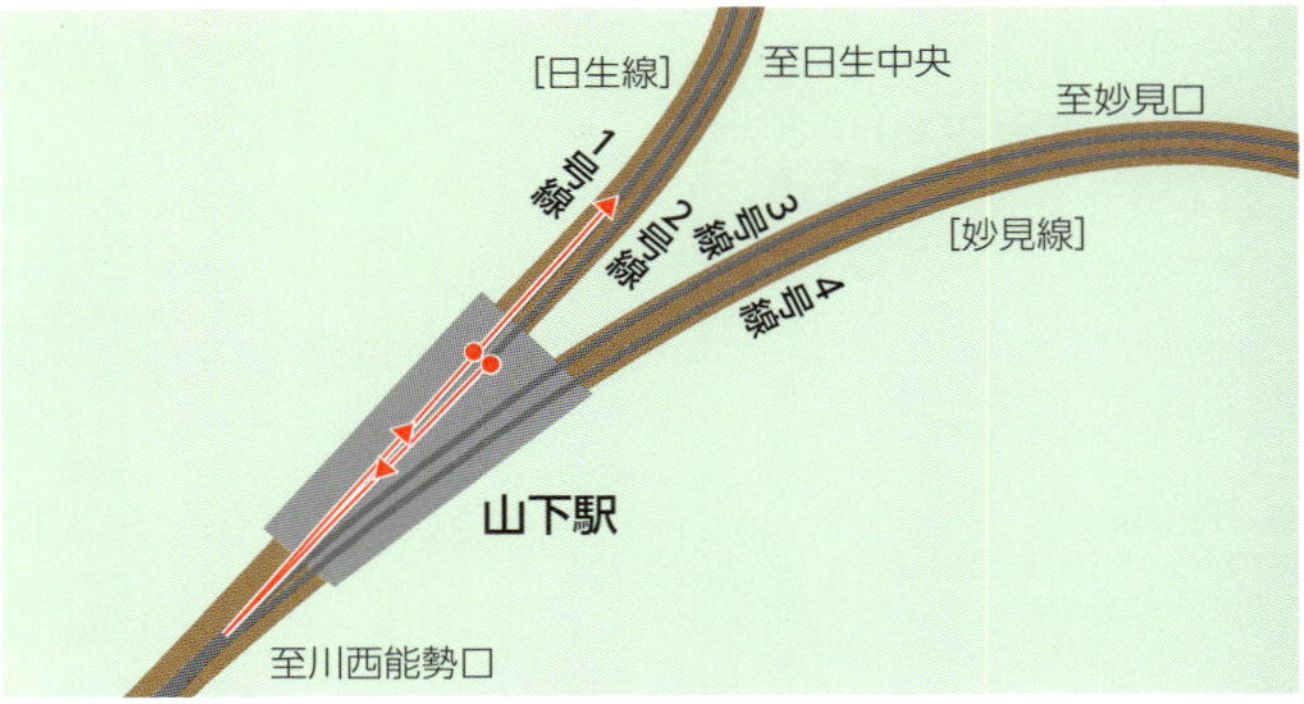

川西能勢口方面の線路上で停車すると、運転士は反対側の運転席へと車内を歩いて移動。再び山下駅に向けて列車を動かします。

駅！

能勢電鉄沿線の見どころ

もともと能勢妙見山への参詣者と能勢地方の産物を輸送するために設立された鉄道なので、沿線の見どころや観光スポットも豊富です。大阪近郊にありながら自然環境に恵まれており、近年はベッドタウンとして開発も進んでいます。

❶黒川桜の森

「日本一の里山」とも呼ばれる黒川には、エドヒガンザクラやヤマザクラの群落が広がり、満開になる春はもちろん、新緑の時期も素晴らしい景観を見ることができます。

所在地／兵庫県川西市黒川

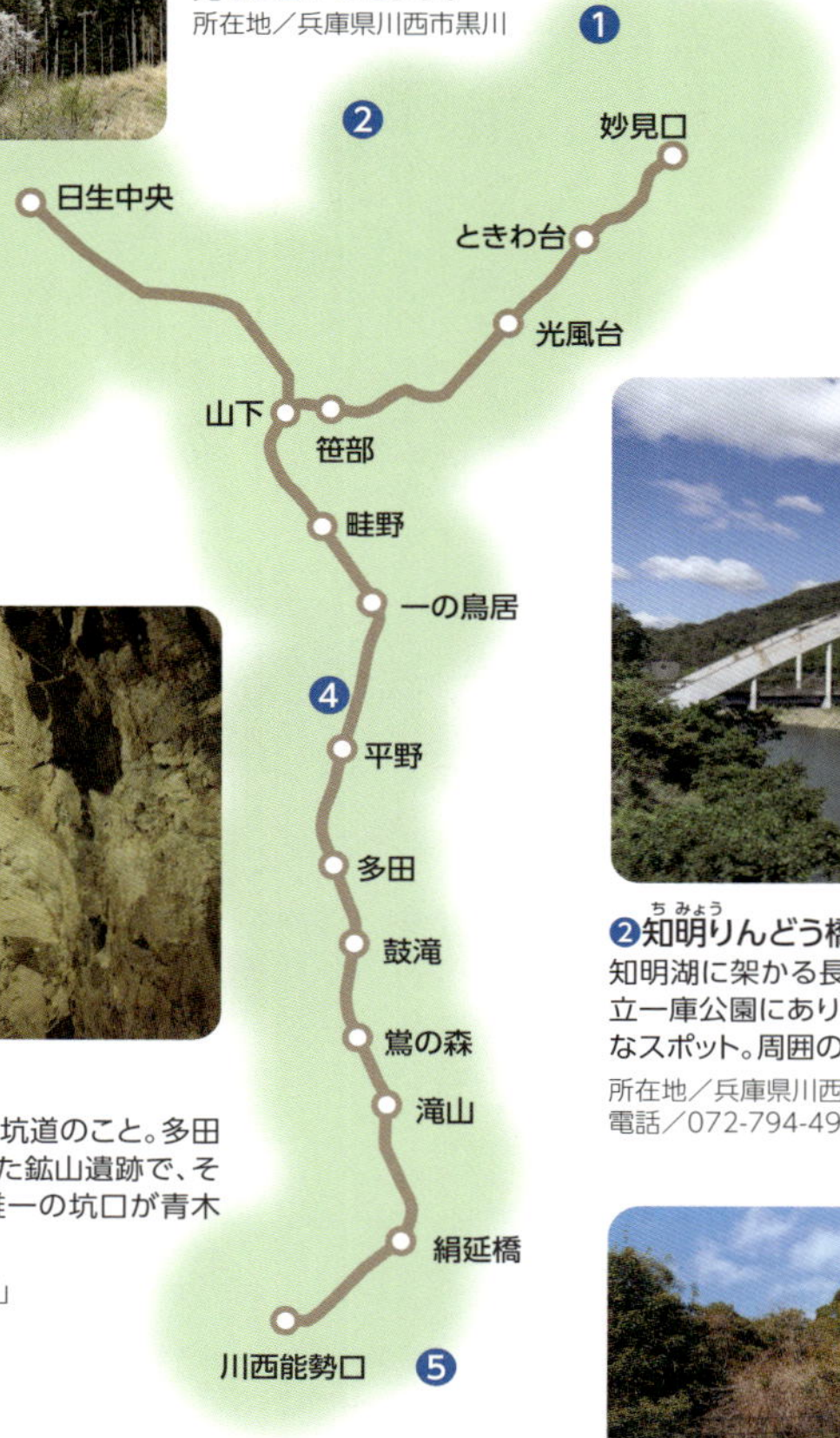

❷知明《ちみょう》りんどう橋

知明湖に架かる長さ118.3mのアーチ橋です。県立一庫公園にあり、美しい星空が見えることで有名なスポット。周囲の緑との対比も見事です。

所在地／兵庫県川西市国崎知明1-6
電話／072-794-4970

❸青木《あおき》間歩《まぶ》

「間歩」とは銀を採掘するための坑道のこと。多田銀銅山は、国の史跡に指定された鉱山遺跡で、その中で坑道内を公開している唯一の坑口が青木間歩です。

所在地／兵庫県川辺郡猪名川町銀山
電話／072-766-8709

❹三ツ矢サイダー発祥の地

1884(明治17)年に川西市の平野鉱泉から湧き出る炭酸水が「平野水」の名前で販売されました。これが有名な三ツ矢サイダーの始まり。現在は「三ツ矢サイダー発祥の地」として川西市の登録文化遺産第一号に認定されています。

所在地／兵庫県川西市平野3-23-1

❺五月山動物園

池田市五月山公園にある広さ3,000㎡の動物園。オーストラリアの珍しい動物ウォンバットが人気です。

所在地／大阪府池田市綾羽2-5-33
電話／072-753-2813

同じ駅に2連続で停車する謎の列車が面白すぎる！

山下駅のホーム。1号線に入った列車は2号線に移動するためのスイッチバックのような動きが珍しい。日生中央方面は左側、妙見口方面は右側。

折り返して1番線に向かう電車は進行方向右側へ移動。対向車線には川西能勢口行きが入り「すれ違い?」というべきか「並走?」というべきか…。

足を伸ばして

新光サンセットロード

豊能町の新光風台をめぐる道路。素晴らしい眺望と夕陽の名所として知られています。

所在地／大阪府豊能郡豊能町新光風台
電話／072-739-0001（豊能町役場）

深山

ハイキングコースが整備され、登山初心者も安心。頂上の深山神社からの展望は見事です。

所在地／大阪府豊能郡能勢町ほか

沿線注目グルメ

カフェ里づと

「里づと」とは「里みやげ」のこと。地元の旬の野菜や食材で作るランチとスイーツが人気。

所在地／大阪府豊能郡能勢町森上224
電話／072-743-0578

撮影スポット

鉄橋を渡る7200系

横山峠付近の猪名川を渡る車両は、能勢電鉄沿線で屈指の撮影ポイント。

大阪府・兵庫県の境に架けられた橋です

ミニ情報

●能勢電鉄設立は1908（明治41）年。当初は能勢電気軌道株式会社で、現在の社名は1978（昭和53）年から。

●日生中央駅から阪急電鉄の大阪梅田駅まで、平日の朝夕の通勤・通学の時間帯に直通の特急列車「日生エクスプレス」が運行されています。

●電車のなかで楽しむ冬のおでん列車、夏のビール列車などイベント列車が2011年からスタート。年に2〜3回運行しています。

ココが凄い！

第1回ローレル賞

優れた鉄道車両に対して鉄道友の会が毎年選定するローレル賞。その第一回（1961年）の受賞車両が阪急電鉄の2000系と2300系です。現在能勢電鉄を走る1700系にこのデザインは引き継がれています。

「駅」にまつわる最新ニュース&豆知識

ここでは生活に役立つホットな情報から、役に立つかは分からいけど誰かに話したくなる話題をご紹介!

北陸新幹線が延伸開業! 超巨大“新幹線ターミナル駅”

東京から金沢を結んでいた北陸新幹線。金沢から敦賀までの延伸プロジェクトが立ち上がり、2012(平成24)年6月に工事実施計画の認可を受けてから約12年、2024(令和6)年3月16日に開業しました。新幹線駅として整備された敦賀駅は、名古屋や大阪からもアクセスが良く、地域経済や観光産業に重要な役割を果たしています。地域内外から多くの旅行者やビジネスマンが利用する、いわば北陸新幹線の要所なのです。

ターミナルを訪れてみると、その巨大なスケールに驚かされます。駅周辺には観光スポットも多く、敦賀市も歴史的な建造物や美しい海岸線など、観光客に多くの魅力を提供しています。

北陸新幹線の開通により、敦賀駅はビジネスに観光に重要な拠点として機能していることになるでしょう。

写真提供:JR西日本

日本一長い駅名は富山県にあった!

写真提供:富山地方鉄道

富山地方鉄道市内電車の「トヨタモビリティ富山Gスクエア五福前(五福末広町)」は、もともと「新富山」という駅名でしたが、ネーミングライツによって現駅名となりました。「(五福末広町)」を含め、読み仮名は三十二字。2023(令和5)年12月現在で日本一長い駅名となっています。

ちなみに日本一短い駅名は、みなさんわかりますよね? そう、三重県にある「津」です。

住まいは駅そのもの? 究極の駅チカ物件はココ

「駅近物件」といえばやはり「駅前」に勝るものはありません。しかしこの名鉄犬山駅はマンションの真下! 駅前より近い「駅上マンション」なのです。もちろん名鉄は地下鉄ではありません。「駅がマンションの一部?」「マンションの一部が駅?」犬山から名古屋へは特急で約30分。最高の立地ですね!

Japan's amazing railways

第7章

凄い!

凄い！

四日市あすなろう鉄道

新幹線の半分しかない線路幅 ナローゲージ

写真提供：四日市あすなろう鉄道

車体カラーは、四日市の豊かな自然をイメージした「なろうグリーン」。

三重県の四日市市を走る四日市あすなろう鉄道は、全国に3か所でしか見られない非常に珍しい特徴を持った路線です。四日市駅の改札をくぐり、停車中の列車を見るときっと驚くはず！

何を隠そうこの四日市あすなろう鉄道は、現在日本で旅客営業を行なっている鉄道路線で最も線路幅が狭い鉄道なのです。「ナローゲージ」と呼ばれており、その線路幅は７６２㎜！　新幹線の線路幅は「標準軌」と呼ばれ、１４３５㎜となっていますので新幹線の約半分の幅になります。車内に入ってみるとよりそのコンパクトさを感じることができます。座席は新しいクロスシートが並んでおり、1対1の配列になっています。なかなか贅沢な配列ですが、これ以上椅子を横に並べると通路が塞がってしまいます。実際に何度も乗車しましたが、意外にも狭さを感じることは少なく、とても安心感のある車内で親しみが持てます。

なぜこのような規格の鉄道路線が存在するのかということなのですが、もともとこのナローゲージが用いられた鉄道路線は全国各地で見られました。標準軌や、JR在来線で用いられる狭軌等の一般的な鉄道に比べて、比較的安価に建設できる特性から「軽便鉄道」と呼ばれ、森林鉄道や鉱山鉄道としてもこの線

走行中の車内から見える景色

前面展望に加え、右窓、左窓からの景色も画角に収まる車幅なので、より疾走感を味わえます。

路線ミニ情報

日永から西日野のたった1駅しかない八王子線ですが、かつてはその先、伊勢八王子駅が終点でした。1974（昭和49）年の豪雨で被災し、西日野から先が廃線となったのです。

路幅が多用されたのです。しかし時代の流れに従って利用客の多い路線に関しては輸送力を高めるために線路幅を狭軌や標準軌に改軌され、一方で輸送量の少ない路線は廃止されていったために、非常に珍しい存在になってしまったのでした。

　現在では四日市あすなろう鉄道をはじめ、黒部峡谷鉄道、三岐鉄道北勢線の3事業者のみでナローゲージでの旅客営業が行われています。ちなみにナローゲージの「ナロー」は英語で「狭軌」を意味しており、日本の狭軌は1067㎜ですから、そう言う意味では正確には「ナローナローゲージ」といえるかもしれません。

　また、四日市あすなろう鉄道にはシースルー列車が走っており、床が透明になった特殊な仕様で、車内から車輪や線路をよく見ることができます。時間ができた際にはゆっくりと走る日本最狭の鉄道を楽しんでみてはいかがでしょうか？

DATA

開業／2015(平成27)年4月1日
所有・運営／第二種鉄道事業者:四日市あすなろう鉄道、
第三種鉄道事業者:四日市市
運行区間／あすなろう四日市駅～内部駅(内部線)、日永駅～西日野駅(八王子線)
駅数／9駅
営業キロ／7.0km(内部線5.7km、八王子線˙.3km)
運行地域／三重
線路数／単線
軌間／0.762m
電化方式／直流750V
最高速度／45km/h

ココが凄い！

シースルー列車

一部の編成では床に強化ガラスを3枚設置した車両があり、走行中でも車輪や線路の様子がわかります。ダイヤ告知はありませんが、「シースルー列車」のヘッドマークが目印！

日本唯一！ナローゲージの分岐点

内部線と八王子線の分岐点である「日永駅」は、日本で唯一のナローゲージの分岐駅。シースルー列車からはその希少な分岐点を上から眺めることができます。

西 saionji YouTuber

【日本最狭】新幹線のほぼ半分！狭すぎる鉄道路線が凄いwww

車内はリニューアルされてピッカピカ。車両間扉はありません。おそらく車幅が狭くて扉の収納スペースがないためでしょう。

いまや希少な吊り掛け駆動の独特な走行音も魅力的。最高速度は時速45km、ウサイン・ボルトの全力疾走(時速44.6km)を体感できます。

凄い！

四日市あすなろう鉄道沿線の見どころ

かつて四日市の産業発展に貢献し、現在も地域住民の生活の足として親しまれているこの路線。鉄道はのどかな街並みや民家の間をすり抜けるように走り、沿線では東海道の面影を残す史跡のほか、地元の自然や文化を愛する人たちの営みを見ることができます。

❶鵜の森公園

春には300本の桜が咲く、桜の名所です。抹茶をいただける茶室・泗翠庵や、国の重要文化財・十六間四方白星兜鉢が保管されている鵜森神社などがあります。

所在地／三重県四日市市鵜の森1-13
電話／059-354-8197

四日市のかぶせ茶を使用した、かぶせ茶フレンチトースト♪

❷BROOK CAFE&ZAKKA

地域の木材を使ったインテリアに囲まれながら、地元食材の料理やスイーツを味わえるおしゃれなお店。器や小物、輸入食材など、暮らしを彩る雑貨も並んでいます。

所在地／三重県四日市市城西町4-27
電話／059-337-8074

❸神楽酒造

1858年創業、160年以上の歴史ある酒蔵。伝統の醸造技能と近代発酵工学を合わせて、日本酒特有の芳醇な風味を生かした旨いお酒を造っています。

所在地／三重県四日市市室山町326
電話／059-321-2205

❹稲藤

三重県指定伝統工芸品の「日永うちわ」を製造・販売するお店。江戸時代から親しまれる日永うちわを伝える唯一のお店で、香るうちわなど時代に即した商品も生み出しています。

所在地／三重県四日市市日永4-4-48
電話／059-345-1710

❺日永の追分

追分とは道が二つに分かれるところで、ここは東海道と伊勢街道との分岐点。手水所からは山から引っ張ってきた来た水が流れ出ており、今も水を汲みに多くの人が訪れます。

所在地／三重県四日市市追分3-3013-1

❻鉄道模型工房とろりぃすぱーく とろすぱうつべ四日市店

土日祝を中心に営業している鉄道模型工房。近鉄電車のオリジナルNゲージ車両の製造・組立・販売を行っています。Facebook・Instagram及びブログで模型の製作記や、営業時間のお知らせを発信。

所在地／三重県四日市市小古曽町2175-1
東川ビル2F
電話／059-347-6301

足を伸ばして

四郷風致地区

四郷風致地区貴重な自然景観が保全されたエリア。春の丘、夏の広場、秋の小径などの散策路が整備され、草木や花が季節ごとに鮮やかに色づきます。

所在地／三重県四日市市西日野町
電話／059-354-8197(四日市市役所 公園緑政課)

四日市コンビナート夜景クルーズ

その迫力と美しさから工場夜景の聖地とも呼ばれ、夜景クルーズでは海上から間近で見ることができます。予約すれば四日市駅から無料送迎バスが利用可能です。

所在地／三重県四日市市千歳町37番地
電話／059-327-5377

Tiket　1dayフリーきっぷ

1dayフリーきっぷで沿線トリップ!

大人550円で四日市あすなろう鉄道の全線が1日乗り放題に! 小古曽駅以外の各駅券売機で発券可能ですが、あすなろう四日市駅・内部駅窓口なら限定デザインきっぷを入手できます。

写真提供:四日市あすなろう鉄道

凄い!

撮影スポット

赤堀～日永駅間の鹿化川付近は、雄大な鈴鹿山脈をバックに鉄道が走るポイントで、秋には川岸に彼岸花が咲きます。

ミニ情報

写真提供:四日市あすなろう鉄道

●利用促進活動が活発で、冬期に運行するイルミネーション列車や、駅舎に掲出されている遊び心満載のトリックアート、ふるさと納税の返礼品として貸切列車や駅長体験を選択できるなど、さまざまな取組みが行われています。
●廃線の危機から住民が声を上げて守った路線です。四日市市が近鉄から譲り受けた施設や車両を、四日市あすなろう鉄道に無償貸与する“公有民営化”という形で運営されています。

Goods

あすなろう四日市駅・内部駅では、さまざまなオリジナルグッズを販売しています。

四日市市のマスコットキャラクター「こにゅうどうくん」が乗車しているパスケース(600円)

なろうグリーンとなろうブルーの電車型マグネットバー(300円)

令和3年にデビューした鉄道むすめ「追分 あすな」のグッズも各種販売中!

写真提供:四日市あすなろう鉄道

写真提供：西日本鉄道

地域の風景、味覚を楽しむ旅列車 THE RAIL KITCHEN CH KUGO。

凄い！

車内に電気窯がある観光列車！

ザ レールキッチン チクゴ

かつて長距離を走る特急列車の多くには食堂車が連結されており、移動中に車内で温かい料理を食べることができました。交通が発達するにつれて所要時間が短縮されていくと、その需要は少なくなっていき、新幹線をはじめとする長距離列車から食堂車は徐々に姿を消していきました。

しかし、最近では観光客向けに食堂車を連結するだけでなく、列車旅を楽しみながら食事を提供する〝レストラン列車〟が全国各地で活躍しています。そのなかでも九州の西日本鉄道が運行する「ザ レールキッチン チクゴ」は、とてもユニークな特徴を持つレストラン列車です。福岡の繁華街、福岡天神を出発し、花々が咲き誇る「花畑駅」や、水郷「柳川」など九州の名所を運行するこの列車では、沿線の食材をふんだんに使ったコースを頂くことができます。

期待に胸を高鳴らせながらホームに向かうと、そこには特別な雰囲気を漂わせた列車が！ 列車の編成自体がレストランになったかのようなデザインと、車両の入り口付近のテーブルや装飾で、もはやレストランに入っていく感覚になります。車内にはテーブルが並び、すでにお食事の準備がなされていて空腹は頂点に！

このレールキッチンチクゴは3両編

写真提供：西日本鉄道

車内で提供されるランチコース
ウェルカムドリンクを皮切りに、前菜、魚料理、肉料理、デザートという構成。メニューは季節ごとに替わります。

路線ミニ情報 レールキッチンのロゴをあしらったクリアファイルやタンブラー、走る電車型のキーホルダーなど、オリジナルグッズを車内で販売しています。

成のうち、真ん中の2両目にオープンキッチンが設置されており、良い匂いが漂ってくるのですが、このキッチンの中には絶対に鉄道車両の中では見られない設備があるのです。それが、「電気窯」！500度くらいまで調整でき、走行中に焼き立ての肉料理やオーブン料理などが楽しめる体験は、まず他ではできません。

ただでさえ、車内で食べるご飯は美味しいですが、これは何割も増して美味しく感じること間違いなし！

筑後の田園風景をゆっくり望みながら、おいしい料理に舌鼓を打ってみてはいかがでしょうか？

DATA

運行開始／2019(平成31)年3月23日
車両／6050形を改造
所有・運用／西日本鉄道
運行区間／西鉄福岡(天神)駅〜花畑駅〜西鉄福岡(天神)駅、西鉄福岡(天神)駅〜太宰府駅〜大牟田駅、西鉄福岡(天神)駅〜大牟田駅
運行地域／福岡
運行線区／天神大牟田線
軌間／1,435mm
電化方式／直流1,500V
所要時間／2時間〜4時間38分

西鉄・THE RAIL KITCHEN CHIKUGOでコース料理を堪能

乗車すると所定の場所に案内されます。沿線で採れた野菜やお肉を使った料理が運ばれてきて、その美味しさで幸せになります。(現在はコース料理を提供)

切符切り体験ができるサービスがあり、鉄道ファン魂をもくすぐるような演出に感動!

チェック柄で、窓も独特な形をしており、まさにこのコンセプトである「走るレストラン」を体現するような姿です。異彩のオーラを放っています。

2号車はオープンキッチンになっており、実演調理を見学できます。具材ひとつひとつの説明もなされ、電気窯からは香ばしいにおいが。本当に素晴らしい空間でした。

ココが凄い！

筑後の魅力が満載

食材だけでなく、八女の竹を使用した天井、家具のまち大川の家具、伝統工芸品の食器類など、沿線の地域資源を至る所に使用。筑後の文化や暮らしを感じられる空間です。

トップシェフ監修の料理

九州に縁深いシェフが、食材選びからレシピ作成、調理工程を監修。地域の食材を織り交ぜた、ここでしか味わえない料理を季節替わりで提供しています。

—THE RAIL KITCHEN CHIKUGO沿線の見どころ—

乗降可能駅には、夜も賑やかな天神に、城下町の風情ある柳川、近代日本最大の炭鉱の町として栄えた大牟田など、それぞれ違った魅力があります。また、ここでは列車内で見られる伝統工芸品を作った人たちの活動拠点も併せてご紹介。ぜひ足を運んでみてください。

❶天神の屋台

日本で唯一「アジアの屋台都市10選」に選ばれている福岡。中でもここは、地元の常連客や店主との会話を楽しみながら、安くて美味しい料理が味わえます。

写真提供：福岡市

❷日月窯

列車内で提供する料理用プレートを制作。土を薪で焼くごまかしが効かない技法が特徴です。併設のカフェでは、素敵な陶器で提供される手作りスイーツやお茶をいただけます。

所在地／福岡県うきは市吉井町富永404-1
電話／0943-76-3553

写真提供：福岡県観光連盟

❸水郷柳川 川下り

柳川は堀が縦横に張り巡らされた、世界有数の水路のまち。約420年前の柳河城築城時に整備され、先人の知恵が今なお息づく水路を船頭さんが案内してくれます。

所在地／福岡県柳川市三橋町下百町1-6
電話／0944-73-4343

❹クロキ ビスポーク ルーム

乗務員が着用している久留米絣をあしらったシャツとベストを制作した仕立屋。一人一人のご要望に合ったオーダーメイドのスーツ・シャツ・靴をこだわりを持ってお仕立てしてくれます。

所在地／福岡県みやま市瀬高町高柳223-1
電話／0944-63-5867

写真提供：福岡県観光連盟

❺大牟田市石炭産業科学館

炭鉱の町として栄えた大牟田の歴史を学べます。地下400mにある模擬坑道など、体験コーナーも充実。トロッコや蒸気機関車などが展示されており、鉄道ファン必見です。

所在地／福岡県大牟田市岬町6-23
電話／0944-53-2377

❻株式会社ヤマチク

列車内で使用する箸を製造。福岡と熊本の県境に生えた竹で、竹の手触りや軽さを生かした箸を作っています。第二工場はショップも併設。持ち心地を試してから購入できます。

所在地／熊本県玉名郡南関町久重14（第二工場）
電話／0968-53-3004（本社）

運行情報

(2024年3月25日現在)

木曜

-福岡発着-
地域を味わう ランチコース

出発　11：22
西鉄福岡(天神)駅
▼
停車駅
花畑駅
▼
到着　14：03
西鉄福岡(天神)駅

金曜

-福岡発太宰府経由大牟田行-
地域を味わう 旅ランチ

出発　9：52
西鉄福岡(天神)駅
▼
停車駅
太宰府駅・花畑駅・西鉄柳川駅
▼
到着　14：30
大牟田駅

土日祝

-福岡発着-
地域を味わう アーリーランチ

出発　9：52
西鉄福岡(天神)駅
▼
停車駅
花畑駅
▼
到着　12：35
西鉄福岡(天神)駅

土日祝

-福岡発大牟田行-
地域を味わう レイトランチ

出発　13：22
西鉄福岡(天神)駅
▼
停車駅
西鉄柳川駅
▼
到着　15：30
大牟田駅

撮影スポット

福岡方面から小郡駅を通過すると田園地帯が広がっており、紅白の格子柄の車体が彩りを添える姿を撮影できるスポットが、そこかしこに存在します。

足を伸ばして

七ツ家梅の木街道

県道本町新田大川線沿いに梅の木が約1kmにわたって植えられています。水車小屋やベンチが設置されており、春先の満開時には観光客で賑わいます。

所在地／福岡県柳川市七ツ家
電話／0944-73-8111(柳川市役所観光課)

福岡タワーからの眺望

海浜タワーとしては日本一の高さを誇る福岡タワー。最上階の展望室からは、福岡の街並みや博多湾などの景色を360度の大パノラマで一望でき、夜景100選に認定されています。

所在地／福岡県福岡市早良区百道浜2-3-26　電話／092-823-0234

ミニ情報

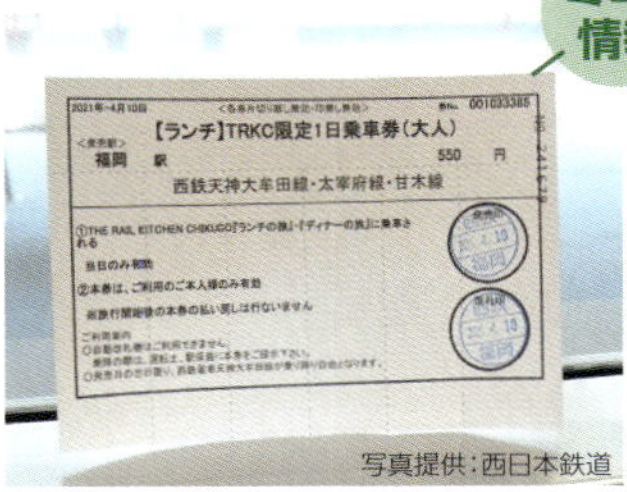

写真提供：西日本鉄道

●乗車日に限り、天神大牟田線・太宰府線・甘木線全線で自由に乗降できる1日乗車券を販売(大人550円)。駅窓口および有人改札がある駅で購入可能です。

写真提供：やまさ海運

大牟田から島原観光も楽々♪

三池島原ライン

福岡県大牟田市と、「ユネスコ世界ジオパーク」に認定されている長崎県の島原半島を結ぶ唯一の航路です。大牟田駅からバスで「三池港」下車。ここで高速船「しまばら丸」に乗り換え、約60分で島原港に到着します。

南海電鉄の到着時刻とフェリー出港時刻は接続しており、乗り換えは楽々。

凄い！

列車に実質無料で乗れる切符がある！ 新幹線の車両に破格で乗車！

全国のお得すぎる切符&路線

みなさんは鉄道をお得に利用できる方法をご存じでしょうか？ 代表的なものにJR全線が乗り放題になる「青春18きっぷ」があると思います。ここでは全国にあるお得すぎる切符や路線をご紹介します。まずは「列車に無料で乗れる切符」です。

そんな話があっていいのかと思うかもしれませんが、実在します。南海電鉄が発売する「とくしま好きっぷ」は、大阪なんば・関西空港・高野山方面～和歌山港までの南海電鉄移動（片道）に加えて、南海フェリーが和歌山港～徳島港で運航しているフェリー移動（片道）がセットになった切符です。関西と四国を連絡するこの切符のお値段は片道2500円。これが凄い！というのも、南海フェリーの和歌山港～徳島港の大人運賃は「とくしま好きっぷ」と同じ2500円なのです。つまりフェリー運賃に追加の金額を払うことなく南海電鉄に乗ることが出来るので、実質「鉄道が無料で乗れる切符」であるという訳です。

私自身この切符を使って何度も四国に向かいましたが、フェリーの中は快適で、船内にはカーペット敷きになっているフリースペースやコンセントも完備されているため、横になって移動することが出来るのが何より有り難かったです。時間こそ少しかかってしまいますが、余裕がある方には関西～四国の移動方法としてとてもおすすめです。鉄道が

路線 ミニ情報　南海電鉄各駅から徳島を結ぶ「とくしま好きっぷ」に対し、徳島から南海電鉄各駅へ行ける「好きっぷ」を南海フェリーが同価格で販売。いずれも利用1か月前から当日でも購入できます。

無料とは言っても、あまりにもお得すぎるので少し申し訳なくなって、いつも特急サザンの指定席にお金を払うことになっていますが。

次にご紹介するのは「新幹線の車両にたった３３０円で乗る方法」です。誰もが小さい時に憧れる新幹線。遠くに行く用もないのに無性に乗ってみたくなるのは私だけでしょうか？ そんな夢を叶えてくれるのが福岡県・博多駅から博多南駅までを結ぶ博多南線。この路線は在来線という扱いなのですが、走っている車両は全てが新幹線車両になっているのです。気になる運賃は乗車券の２００円に加えて１３０円の特典特急券を合わせた３３０円！ さすがに心配になってしまうお値段ですが、これには理由があります。

博多南駅には隣接するように「博多総合車両所」という車両基地があります。もともと博多南線は営業化されておらず、博多駅に着いた列車が回送列車としてこの車両基地に向けて走ってくるだけでした。しかし、この近辺には住宅地が多く、アクセスが不便だったこともあり、車両基地に併設するように博多南駅を開設し、通勤通学の路線として博多南線が開業したのです。すでに回送列車が走っている区間ですから、ＪＲとしてもコストをかけることなく運行することが出来、利用者としては利便性が大幅に向上することになったファインプレーだといえます。そんなに距離が離れておらず、スピードもあまり出しませんし、またそもそも通勤通学のための路線であることから、特急券も１３０円と破格のリーズナブル料金になっているという訳です。この辺りに住めば夢の新幹線通学・通勤ができると思うと、鉄道ファンとしては羨ましい限りです。私も何度か乗車しましたが、何といっても博多南駅に降りると車両基地が広がっており、これが壮観です。特に山陽新幹線を走る列車はバラエティーに富んでおり、さまざまな色や形の列車がお出迎えしてくれるので大興奮。３３０円で車両基地ツアーに行けるようなものなので、機会があれば是非ご乗車ください。

博多駅から終点の博多南駅まで、1駅間8.5kmを約8分で走ります。

すべてご紹介できないのが残念ですが、日本全国にはたくさんのお得な切符やお得な路線があります。行楽シーズン等には各社からお得な切符が発売される傾向にあるので、お出かけ前に調べてみましょう。

―南海電鉄沿線の見どころ―

大阪と和歌山を結ぶ南海電鉄は、営業キロ数154.8kmと広範囲をカバー。都心部の大阪なんばや美しいビーチ、聖地・高野山をはじめ自然に恵まれた和歌山など、魅力的なスポットが多く、和歌山からはフェリーに乗り継いで更なる旅が楽しめます。

❷SENNAN LONG PARK
地元の恵みを生かした食・スポーツ・レジャーが体験できる、関西最大級のレクリエーション施設です。

所在地／大阪府泉南市りんくう南浜2-201ほか
電話／072-479-5317

❸友ヶ島
かつて要塞として使われていた4つの島からなる無人島。映画『天空の城ラピュタ』の世界にそっくりと話題の島です。

所在地／和歌山県和歌山市加太
電話／073-459-0314（友ヶ島案内センター）

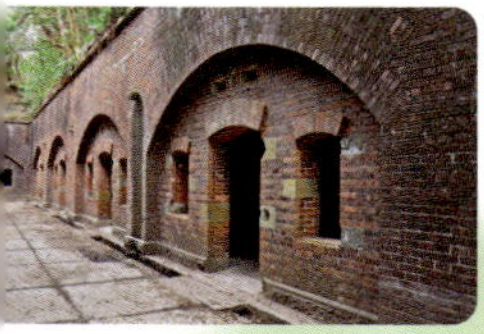

❶難波八阪神社
巨大な「獅子殿」で有名。口の中で御祭神の素盞嗚尊を祀っています。大きな口で邪気を飲み、勝運を招くといわれています。

所在地／大阪府大阪市浪速区元町2-9-19
電話／06-6641-1149

❹極楽橋駅
世界遺産・高野山の玄関口として、「はじまりの手水舎」や「極楽鳥の願掛羽」が設けられ、高野山ゆかりの図柄が描かれた天井絵などの見事なアートも楽しめます。

所在地／和歌山県伊都郡高野町高野山国有林

【衝撃】鉄道運賃が無料になる信じられない切符がありました…

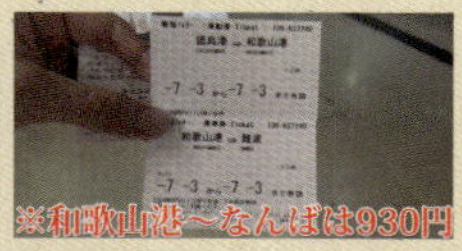

徳島駅から大阪まで、最安値で移動できる「好きっぷ」を発券。フェリー単独で2,500円なのに、その先の南海電鉄に乗っても追加料金なし。スキップというよりワープの域。

船の中には自販機やゲームコーナーが。船に揺られながらのクレーンゲームは難易度が高そう…。和歌山までの2時間を過ごすには十分の空間です。

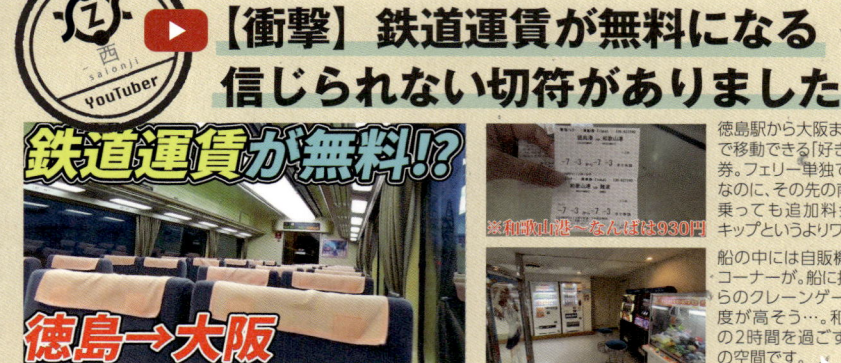

―博多南線沿線の見どころ―

博多南線の開業前は、福岡市内までバスで1時間かけていたところをわずか8分に短縮し、短い路線ながら多くの人々が行き交うエリアです。新幹線をはじめとする列車見学スポットはもちろん、その土地の文化や歴史を感じる個性的なスポットがあります。

❶川端通商店街

130件以上の店舗が並ぶ全長約400mの商店街。川端ぜんざい広場では博多名物「川端ぜんざい」が味わえるほか、唯一の走る「飾り山笠」が見学できます。

所在地／福岡県福岡市博多区上川端町
電話／092-281-6223
（上川端商店街振興組合）

❷JR博多シティ

9階の展望ラウンジから博多駅に出入りする電車を見下ろせます。屋上には鉄道神社や水戸岡鋭治デザインのミニ電車があり、鉄道ファンにも嬉しい駅ビルです。

所在地／福岡県福岡市博多区博多駅中央街1-1
電話／092-431-8484

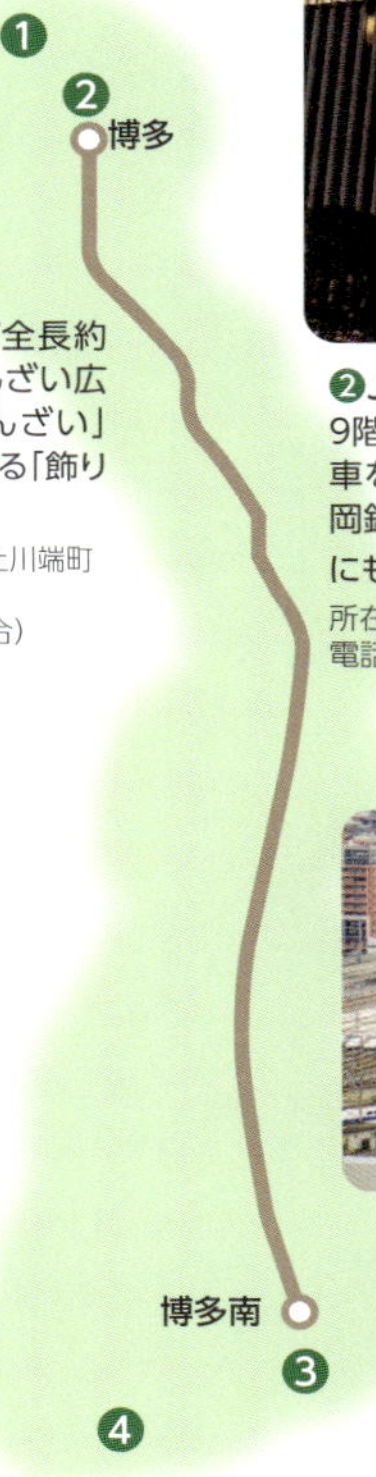

❹現人神社

恋愛成就や仕事運向上の神様として知られる神社。本殿前の回廊には、毎年夏に数百ものカラフルな風鈴が吊るされており、風鈴に願い事を書いた短冊を飾ることもできます。

所在地／福岡県那珂川市仲3-6-20
電話／092-952-2152

❸博多総合車両所

新幹線専用の車両基地。近隣には新幹線や航空機が見える公園が整備され、2023年秋に完成。基地を見下ろせる展望台の設置も検討されています。

所在地／福岡県那珂川市中原東2-1-1

ミニ情報

●1990年の開業以降、博多南駅周辺はベッドタウンとして急速に発展。人口が増えて、かつての那珂川町は2018年に市に昇格しました。
●博多南線の列車は、基本的には山陽新幹線こだまの回送を利用していますが、利用者の増加で博多～博多南間のみを走る列車も設定されています。

足を伸ばして

筑紫耶馬渓

那珂川の上流、南畑ダム下流に位置し、釣垂峡とも呼ばれています。清流と滝、巨石や奇岩が織りなす景観が美しい納涼スポットで、紅葉の名所としても知られています。

所在地／福岡県那珂川市
電話／092-408-8729
（那珂川市地域づくり課）

中ノ島公園

夏の川遊びを筆頭に、春の桜や秋の紅葉など、四季を通して楽しめる、自然の中州を生かした公園。那珂川市内の物産が集まる直売所や、テイクアウトカフェも併設しています。

所在地／福岡県那珂川市市ノ瀬445-1
電話／092-953-0514

一見の価値アリ! まだある「凄い!」鉄道

日本の鉄道史を語るのに欠かせないものや、世界に誇る日本の観光地を支える鉄道をご紹介。今も昔も、日本の発展には鉄道が重要な役割を果たしているのです。

日本一古いディーゼル機関車「オットー」

日本で最初のディーゼル機関車として知られているのは、1923(大正12)年にドイツのオットー・ドイッツ社から静岡県の堀之内軌道が輸入した機関車です。

実はこの機関車が1台だけ現存しており、千葉県銚子市のヤマサ醤油にある「しょうゆ味わい体験館」で展示されています。戦後から1964(昭和39)年まで稼働していたもので、生産された醤油を貨車に積み込み、銚子駅までの運送で活躍しました。

軽油ではなく石油で走る珍しい仕組み。1067mmの軌間で重さは7t、20馬力のエンジンを持ちます。日本に現存する最古のディーゼル機関車で、「オットー」という愛称で鉄道ファンに親しまれています。

「しょうゆ味わい体験館」は9:00~16:00まで入館自由、ヤマサ醤油の工場見学をする場合は予約が必要です。

急勾配日本一 高尾登山電鉄は608‰

2007(平成19)年、ミシュランガイドで最高ランクの“三つ星”評価を得たこともあり、いまや国際的な観光地となった高尾山。登山者数は年間300万人に上り、世界一とも言われています。人気の理由のひとつは、麓にある清滝駅から中腹の高尾山駅までを結ぶ「高尾山ケーブルカー」です。この区間の標高差は271m、全長1,000mをわずか6分で登ります。一度に最大135名を乗せることができ、誰でも気軽に山の上に行けるため、老若男女問わず多くの人で賑わっているのです。

最急勾配区間は608‰と、鋼索鉄道では日本一の急勾配を誇ります。これは1,000m進む間に608m高度を上げるという事を表しており、通常の鉄道ではまずあり得ない数字です。しかしケーブルカーでもこれほどの勾配はなかなかありません。大自然の美しさと、壁のように立ちはだかる山肌の険しさを堪能できます。

西園寺チャンネル Railway Column ⑧ 海外

西園寺チャンネルは海外にも飛び出し、世界の鉄道事情も発信しています！

Chapter 1 【豪華個室】アメリカが誇る夜行列車・アムトラックに乗車 飛行機顔負けのサービスが凄い！

アムトラック（全米鉄道旅客公社）は、「America」と「Track」の合成語。全米を結ぶ鉄道の通称です。西園寺チャンネルの海外進出第一弾はシカゴからのスタート！

アムトラックの要所、シカゴのユニオン・ステーションから夜行寝台列車で出発。

ユニオン・ステーションは、大都市シカゴを象徴する駅。ラウンジの飲み物は無料です。

個室はサンライズ出雲・瀬戸のシングル・ツインのよう。考えうる設備は全部そろっています。

ダイニングカーは朝食、ランチ、ディナー、パブタイムと24時間オープンです。

朝食はコンチネンタルブレークファスト、フレンチトースト、オムレツの三択。

バッファロー市までまっすぐな線形を走る15時間。あまり揺れない快適な旅でした！

Chapter 2 【寝たら罰金】世界一厳しい鉄道路線 “ドバイメトロ”に乗車！ 恐ろしすぎる！

ドバイ国際空港と市街地を結ぶ「ドバイメトロ」は、乗車のルールが極めて厳しいことで知られています。駅やと車両での飲食は一切厳禁！なんと居眠りも禁止！

ドバイ国際空港午前7時。前日ほぼ徹夜の西園寺は、居眠りせずに乗れるのか？

ウーマン&チルドレンキャビン、いわゆる女性専用車。間違えて乗ったら罰金！

朝の通勤時間帯。横を走る道路も広く、車も速い。世界最長の無人運転です。

観光地で下車し、再度乗車。歩き疲れて強烈な眠気が襲いますが、耐えなければなりません。

禁煙マークとガムを噛むのも禁止というマークもありました。その割に車内通話する人が多いです。

水色の爽やかなデザイン。いや～かっこいい。ドバイに行ったらぜひ乗って！

【検証】

西村京太郎サスペンスのトリックを“ガチ”でやってみた! 成功する?成功しない?

2022年冬のある日、午前9時26分に名古屋駅で殺人事件が発生。被害者の名前は、かんの。事件に関与したとされる容疑者の名前は、西園寺。しかし、容疑者は事件発生時、飯田線に乗っていたという決定的なアリバイがあった。複雑に絡み合う時刻表トリックを本気で再現。西村京太郎の鉄道トラベルミステリーを徹底検証する。

https://www.youtube.com/watch?v=xS69G2XmBbM

本文で紹介している動画のほかにも、企画のセンスがキラリと光る面白い動画を「すごい鉄道」編集室がピックアップ。みなさん、ぜひ視聴してみてね！

【過酷】

大阪駅から“1000歩”で出来るだけ遠くへ行け! 究極の移動対決!

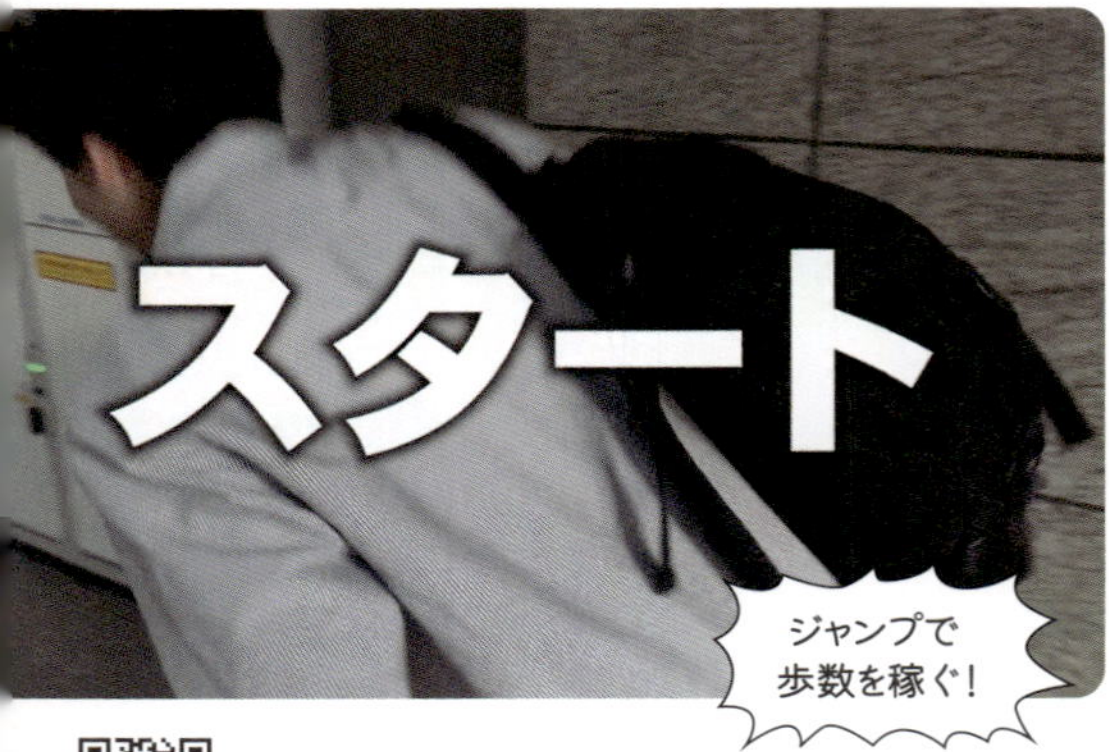

大阪駅から公共交通機関を駆使して、1000歩でどここまで行けるのか?! 西園寺さんとZAKIさんのガチバトルが、大阪駅からスタート。タクシーとレンタカー、さらに飛行機、新幹線は利用禁止。腰にぶら下げた万歩計が1000歩になった時点で、大阪駅から直線距離で離れている方が勝ちとなる。さあ、どちらが勝利を手にするのか。

https://www.youtube.com/watch?v=v_gADGmHxlo

【超過酷】

天然水いろはすをガチで汲みにいく旅！友達に飲ませたら気付く？気付かない？

「天然水いろはす」をガチに汲みに行って、それを友達の就職祝いにプレゼントするという企画。まずは駅の自動販売機で「天然水いろはす」を購入し、採水地を調べるところから始まる。目指すは鳥取県の大山方面。果たして無事に採水することができるのか。その味は売っている水とは違うのか。友達のビミョーな反応にもご注目！

美味しい名物と列車も堪能！

https://www.youtube.com/watch?v=zS1mQ-Amaws

まだまだあるぞ！ 西園寺チャンネル おもしろ動画

【高速禁止】

法定速度遵守で“カーレース”を開催！大阪→名古屋でガチ対決してみた！

チームで協力して勝利を目指す！

かねてから西園寺さんがやってみたかったという、法定速度遵守のカーレース企画。2チーム（2台の車）に分かれて、大阪駅からゴールの名古屋駅金時計前を目指す。法定速度は必ず遵守し、高速道路（有料）とカーナビの使用は禁止。ドライバーは連続2時間運転で交代。距離や渋滞を考慮しつつ、どんなルートを使うのかが勝負の鍵になる！

https://www.youtube.com/watch?v=XqSCcDAO18Y

日本のすごい鉄道

初版第1刷発行　2024年12月31日

著　　者　西園寺
発 行 者　角竹 輝紀
発 行 所　株式会社マイナビ出版
〒101-0003
東京都千代田区一ツ橋2-6-3 一ツ橋ビル2F
電話　0480-38-6872（注文専用ダイヤル）
03-3556-2731（販売部）
03-3556-2735（編集部）
URL　https://book.mynavi.jp

印刷・製本　中央精版印刷株式会社

編集・執筆協力　株式会社ワンダーランド
表紙デザイン　野口佳大
本文デザイン　株式会社ワンダーランド

ISBN 978-4-8399-7963-8